天地清宁高下

——象山心学发微

吴 哲 著

东北大学出版社
·沈 阳·

图书在版编目（CIP）数据

天地清宁高下 : 象山心学发微 / 吴哲著. -- 沈阳 : 东北大学出版社, 2025. 5. -- ISBN 978-7-5517-3871-2

Ⅰ. B244. 85

中国国家版本馆 CIP 数据核字第 2025JH3937 号

出 版 者：东北大学出版社
地址：沈阳市和平区文化路三号巷 11 号
邮编：110819
电话：024-83683655（总编室）
024-83687331（营销部）
网址：http://press.neu.edu.cn
印 刷 者：辽宁一诺广告印务有限公司
发 行 者：东北大学出版社
幅面尺寸：170 mm×240 mm
印　　张：11
字　　数：163 千字
出版时间：2025 年 5 月第 1 版
印刷时间：2025 年 5 月第 1 次印刷
责任编辑：杨　坤　刘振军
责任校对：郎　坤
封面设计：潘正一
责任出版：初　茗

ISBN 978-7-5517-3871-2　　　　定　价：48.00 元

序

西江月·象山心学

天地清宁高下，丈夫贫富渔樵。
旁门劈破日昭昭，俯仰原来是道。

自立心同宇宙，经德人尽轩尧。
灵犀一点细如毛，说与白云知晓。

吴　哲

2023 年 12 月 30 日

目　录

第一章

陆象山先生生平

一、“象山先生”由来

陆九渊，字子静。

江西抚州金溪人（《象山先生行状》），生于宋高宗绍兴九年己未（1139 年），卒于宋光宗绍熙三年（1193 年）冬十二月（《年谱》）。

淳熙十四年丁未，门人彭兴宗游江西贵溪应天山，觉谷邃泉清，故结庐以迎先生讲学。先生登而乐之①。时年四十九岁，建精舍于应天山。

《易大传》曰：“在天成象，在地成形”，乃易应天山名为象山。郡县礼乐之士谒访，四方求学之徒毕至。

先生歌咏愉愉，讲道从容，已有终焉之意。自号象山翁，当世尊称为象山先生。

二、无师承，不著书

象山生平有两大特点：

其一，无师承。

其学问、道路乃由自家打磨而来。“自”便成象山跟脚。象山亦曾云：“自得，自成，自道，不倚师友载籍。”

① 陆九渊. 陆九渊集［M］. 钟哲，点校. 北京：中华书局，1980：500.

其二，不著书。

或有人劝著书，象山曰："学苟知道，六经皆我注脚。"存世《象山先生全集》，为先生过世之后，其子陆持之于开禧元年（1205年）编成。

无师承，又有好学之心，则自学自成。一则不受门户之见袭扰，不囿于后儒成法，便有"自立"之机。二则不凭借授业师，则必然多所凭借自家之"体会"。自学之天赋悟性，加上自家之切身体会，便卓然而成矫矫不群之一极。

不著书，是象山保持一生的理念，与朱子等宋儒分别极大。为何不著书，非不能也，是不为也。此中乃象山"心"学深意，正是需要后人深思之处。

盖不明此"心"，哓哓万言何益？若明此"心"，文字、著作反而形成某种限隔与遮蔽。象山曾有诗云："易简工夫终久大，支离事业竟浮沉"，不著书，不支离于文，正是简易之极显于外者。

领会为何不著书，实为心学之一条进学路径。

三、象山幼时独特之处

《年谱》谓象山幼时，三四岁，遇事物必致问。

曾问父亲："天地何所穷际？"未获答案，于是"深思至忘寝食"。

五岁，入学读书。

八岁，读《论语》及《孟子》。读《论语·学而》篇有子三章，即疑。又，闻人诵伊川语，云："伊川之言，奚为与孔孟之言不类？"另据宋史，又有"近见其间多有不是处"① 之语（《宋史·列传第一百三十九》）。言垂于后的大儒程颐，在象山的知觉中，属于"多有不是处""自觉若伤我者"（《年谱》无此语，据《象山先生行状》）。象山与程朱理学终生"有隔"，似肇始于此。

其兄陆九韶评价象山："自幼已不同，遇事逐物皆有省发。尝闻鼓声振动窗棂，亦豁然有觉。"

---

① 脱脱，等. 宋史［M］. 北京：中华书局，1977：12880.

十一岁，读书时“最会一见便有疑，一疑便有觉”。此疑与觉，正是为学之途径。读书而无疑，便难进益，故孟子曰：“尽信书，则不如无书。”

可以参看《象山语录》，言：“善学者如关津，不可胡乱放人过。”此“胡乱放人过”，便是或畏于声名，或崇于地位，或自身跟脚不定，或流于精神孱弱，而不得有疑。学而不疑者，则非善学者。

又，象山读《论语》时，已悟将孔子之语与孔门弟子之语分拣开来，不宜混作一处合观。其聪明颖悟，自不待言。

十三岁，象山之思想初成。主要体现于两点：一曰“宇宙”，二曰“简易”。

关于“宇宙”：

上述象山三四岁，求问父亲：“天地何所穷际？”未获答案，转而自己深思忘食而不得——而胸中之疑终在。象山云：

> 因读古书至宇宙二字，解者曰：“四方上下曰宇，往古来今曰宙。”忽大省曰：“元来无穷。人与天地万物，皆在无穷之中者也。”扔援笔书曰：“宇宙内事乃己分内事，己分内事乃宇宙内事。”

> 又曰：“宇宙便是吾心，吾心即是宇宙。东海有圣人出焉，此心同也，此理同也。西海有圣人出焉，此心同也，此理同也。南海北海有圣人出焉，此心同也，此理同也。千百世之上至千百世之下，有圣人出焉，此心此理，亦莫不同也。”①
>
> （《年谱》）

此孟子“人皆可以为尧舜”一脉，容后详述。

关于“简易”：

上述象山八岁，疑《论语·学而》篇有子三章，十一岁已悟将孔子之语与孔门弟子之语分拣开来。

其兄陆九龄曾问：“看有子一章如何？”象山云：

---

① 陆九渊. 陆九渊集［M］. 钟哲，点校. 北京：中华书局，1980：483.

此有子之言，非夫子之言。

夫子之言简易，有子之言支离。①

（《年谱》）

此似为象山最初道出“简易”二字之处，并以“支离”与“简易”对举，显然“支离”为象山所不取也。简易直截，既是禀赋，也是心得，从此贯穿了象山一生。

孟子曰：“吾于《武成》，取二三策而已矣。”② 象山于《论语》，取夫子言，不尽取孔门弟子言，正是孟子一脉“取”之有道。

四、志学及科举

象山十三岁思想初成，却至乾道八年（1172 年）夏，方始登进士第，“廷对，赐同进士出身”。象山南宫应试之卷，被当时的考官吕祖谦评价为：“此卷超绝有学问。”③ 时年，象山已经三十四岁，距思想初成相差二十一年，未可称早矣。

为何象山自三四岁便聪明颖悟，却登第颇晚，其原因有二：

第一，象山初不肯应举。后经兄友力勉，方于二十四岁赴乡举。此时象山似正忙于：“在人情、事势、物理上做工夫。”

《论语·子张》篇有言：“学而优则仕”④，颇易被庸俗地理解为“学成文武艺，卖与帝王家”。实则二句有天壤之别。优，有余力之义，学而有余力，则仕。此仕，正验其所学。

《论语·述而》篇“用之则行，舍之则藏”，此用，乃用其道，而非只用其身。因此，象山起初不肯应举，当有“君子谋道不谋食”之意味。

第二，应举就试之际，与一般考生打叠时文、揣摩考官文章喜好等截然不同。自云：“吾自应举，未尝以得失为念。”——此心境、

① 陆九渊. 陆九渊集［M］. 钟哲，点校. 北京：中华书局，1980：483.
② 杨伯峻. 孟子译注［M］. 北京：中华书局，2016：363.
③ 同①：486.
④ 杨伯峻. 论语译注［M］. 北京：中华书局，2005：202.

修养功夫显异于常人者也。亦正可与上述“君子谋道”“用之则行”相印证。

又云：“场屋之文，只是直写胸襟。”——此语一出，唯孜孜于考试、孜孜于名利、孜孜于仕途者，宁不汗颜？

这是学而求“志”与学而求“仕”的极大分别。亦是孔子“十有五而志于学”的真意——所学即所志，所志即所学。

孔子曰：“君子固穷”，范仲淹曰：“穷则独善，达则兼济”，岂可因迎合场屋、有司，而从流俗、废正学、塞胸襟乎？

五、槐堂讲学与去学规

三十四岁登进士第之际，象山在南宋行都临安府，诸贤从游，蔚为盛况。学者慕名接踵而来，象山与之朝夕应酬问答，“至不得寝者余四十日”。

同年七月，回返家乡。

陆宅东偏房曰槐堂，因堂前有古槐木而名，为象山授徒、讲学之所。槐堂讲学，亦体现象山与众不同之处有二：

其一，察心知人。

学者求见，象山每言中其情，或至汗下。亦有未见者，相去千里，闻其大概而能尽得其为人。概能深知学者心术之微，此可曰“察心知人”。

先生自云：

> 必以形迹观人，则不足以知人；必以形迹绳人，则不足以救人。①（《年谱》）

又曰：

> 尧之知共工、丹朱，不是于形迹间见之，直是见他心术。②（《语录下》）

① 陆九渊. 陆九渊集［M］. 钟哲，点校. 北京：中华书局，1980：489.

② 同①：433.

此二句，正可互为参看。引申而言，必以知识（knowledge，支离者，犹如“形迹”之琐碎者）求道，则不足以知道。

象山能深知学者心术之微，正是“简易直截”之贯彻尔，亦是孔子“吾道一以贯之”的体现。观此当可知，象山十三岁所获“简易”，并非只是文章、议论、逞口舌之表达而已，而是会于己身，形诸于执事、处世、接人、应物之中，浑然一体也。现代人多为“伪君子”所欺骗，故深为痛恨之，所谓王莽恭谦未篡时，即在于只以、只能以形迹观人之故，其形迹未露之际，便不识伪人。

再进一步讲，“简易”不只是属于象山的思想观念，“简易”即是象山。《语录》有云：“自明然后能明人”，诚然。反之，不能明人者，必不自明矣。

其二，废去学规。

象山先生既授徒，而废去世俗精舍、书院所谓学规。以往著哲学史者多未引起重视，谈及者少。

古时学规，涵盖颇广。包括：教学之目的与宗旨，为学之次序与进程，修身、处事、接物之要义与准则，讲学之际的神态与行为，相处之际的互相称谓、师生之间的礼节，日常言语方面的禁忌（可参考《白鹿洞书院学规》《丽泽书院学规》），等等。

许昌朝集朱、吕学规，在金溪教学，一册，月令人一观。象山对此的评价是：“固好。然亦未是。”

“固好”，是学生可依《学规》而有所凭借，有所遵循。“然亦未是”，乃因为外在之学规，未能切中根本。日常修身、处事、接物、洒扫应对进退者，若不生于己心，即便外在皆如仪，亦不过一拘束之傀儡或学舌之鹦鹉尔。

而象山讲学，又是另一番气象。因象山废去所谓学规者，《年谱》有云：“而诸生善心自兴，容礼自庄，雍雍于于，后至者相观而化。”

此为外在规矩与切身自省之分别。外在规矩者，以洒扫应对进退为修炼，进而以此为依凭，以得为学之道。切身自省者，先须知为何志学，然后洒扫进退、日常处事，自然符节。

外在规矩者，以末促本，奉行诸末以求一本；切身自省者，则本立而诸末自生。再进一步，所切身自省者何？不过“一心”而已。

关于去学规，象山自云：

> 某平时未尝立学规，但常就本上理会，有本自然有末。若全去末上理会，非惟无益。今既于本上有所知，可略略地顺风吹火，随时建立，但莫去起炉作灶。①
>
> （《语录下》）

此可与《语录》另两条相参，曰：

> 凡物必有本末。且如就树木观之，则其根本必差大。吾之教人，大概使其本常重，不为末所累。然今世论学者却不悦此。
>
> （《语录上》）

> 吾与人言，多就血脉上感移他，故人之听之者易，非若法令者之为也。如孟子与齐君言，只就与民同处转移他，其余自正。②
>
> （《语录上》）

“血脉”与“法令”之分别，即是内外之别，亦是自省与节规之别。若于武术上取一譬，即是少林易筋经与七十二绝技之区别。所谓“血脉”，是一艺通则百艺通；所谓“法令”，则是刀、枪、剑、戟、斧、钺、钩、叉、鞭、锏、锤、抓等，逐个练起。

《年谱》所谓：“诸生善心自兴”，正是《语录》所云：“必也正人心乎”之理。《年谱》所谓：“后至者相观而化”，正是教化之真谛——教化与训练之间，其别如天壤。全祖望曰：“本乎孟子，足以砭末俗口耳支离之学。”③ 可谓恰当。

然而，现代之学校或教师，若无学生守则、学校纪律一类“法令”，恐怕已很难掌控、调节课堂，也就更谈不到教化。现代学校所谓“标准化管理”或“规定动作”之流，只可称为“训练”而已。

---

① 陆九渊. 陆九渊集［M］. 钟哲，点校. 北京：中华书局，1980：457.

② 同①：401.

③ 黄宗羲. 宋元学案［M］. 全祖望，补修. 北京：中华书局，1986：1884.

"善心自兴""相观而化"，几成天方夜谭。

其间差别，则在于"师"。现代所谓教师，仅为一职业，所授仅为一技能，实与"师"已不可同日而语。比如：你称呼一人为"师父"，与称呼另一人为"师傅"，师父与师傅二词似乎都带有"师"字，但其中意味、内涵却并不相同。

古语云：千里马常有，而伯乐不常有。略做修改，亦可云：学生常有，teacher 常有，而师不常有。

六、千七百载，乃有象山

淳熙元年（1174 年），象山 36 岁，授迪功郎、隆兴府靖安县异主簿。37 岁，与朱子、吕祖谦会于鹅湖寺，发生了史上著名的"鹅湖之辩"。39 岁，丁忧。41 岁，授建宁府崇安县主簿。43 岁，得旨都堂审察升擢，不赴。至白鹿洞书院讲席，讲"君子喻于义，小人喻于利"一章，讲义刻石。

淳熙九年（1182 年），象山 44 岁，除国子正，赴国学。此后五年，在临安，四方之宾满门，旁无虚宇，并假于馆。45 岁，道出：

> 学者所以为学，学为人而已。①（《语录下》）

又云：

> 读书不必穷索，平易读之，识其可识者，久将自明，毋耻不知。②（《年谱》）

此二句，振聋发聩。后学不知门径者，观此必有所得。

淳熙十四年（1187 年），象山 49 岁，罢官归乡里。登象山而乐之，精舍讲学，四方学徒大集。每升讲座，容色粹然，精神炯然。

50 岁，与朱子无极、太极之辩。从鹅湖到太极图说，可见二人"讲学意见，到老未合"③。

---

① 陆九渊. 陆九渊集［M］. 钟哲，点校. 北京：中华书局，1980：470.

② 同①：495.

③ 钱穆. 宋明理学概述［M］. 北京：九州出版社，2010：140.

绍熙二年（1191 年），象山 53 岁，知荆门军。革弊政，筑新城，移风易俗。

54 岁，使郡中是非善恶分明，人无贵贱皆向善。政教并流，士民化服，盗贼绝迹。辄可知心学任实事，而非设虚言。《宋史》载："丞相周必大尝称荆门之政，以为躬行之效。"①

宋光宗绍熙三年冬十二月七日，先生疾。十四日，卒。读《年谱》之"自是不复言"——恸何如之！

有祭文曰："周衰文弊，孟没学绝。功利横流，道术分裂。易知易行，谁其觉斯。千七百载，乃有先生。"

象山 3 岁丧母，逝去之后归葬于母墓近旁。

① 脱脱，等. 宋史［M］. 北京：中华书局，1977：12882.

第二章

去蔽

一、承认人皆有天赋

象山所谓“发明本心”，理应是人人皆可做得之事。

然而，理应为人人皆可做得之事，在现实中，却并非人人皆能做到。

类似例子有许多。比如“孝”一事，理应人人皆可做得——只要为人子女者尽心尽力去做。但是“不孝”，却常常在现实中发生。原因何在呢?

人之天赋，可同，亦可不同。

其所不同于常人者，常被认定为“有天赋”。而同于常人者，却易被认定为“没天赋”——这不是“天赋”的问题，而是“认知”上出现的问题。

其一，从个体角度而言，天赋可显，可不显。

例如：农民的孩子，是不易被看出拥有弹钢琴或打高尔夫球方面的天赋的。若干天赋，似当与境遇相结合，方可显露。而若金风与玉露并未相逢，便易被认定为“没什么天赋”。

其二，从整体角度而言，人为万物之灵，此即为天赋。

是“人人”皆为万物之灵，而不是十几个科学家或政治家或艺术家，方为万物之灵。文明，本就是整个人类的筚路蓝缕。

是故，人皆有天赋。

而普通人之所以会被认为没什么天赋，其实是误认。这是将“天赋”错误地理解为“超出常人的天赋”——也就是说，误将

“与众不同”“超出常人”的那一部分方才理解为“天赋”。

例如一位数学家，年轻时便显露“超出同学辈”的数学思维与造诣，便会被公众认可为“有天赋”。这所谓“有天赋”，其实便是专指在某一方面“与众不同”“超出同侪”而已。事实上，这是将“天赋”特殊化、狭义化了——从文字学、训诂学等角度，“天”与“赋”二字，无论如何是解析不出“出类拔萃”“超出同侪”之类释义的。

尽管生物学家颇愿意将“天赋”曲解为所谓遗传基因的作用，但却无法解释为什么数学家的父母并不是数学家。如果真是遗传基因的作用，那数学家似将成为家庭世袭之职了。并且，所谓遗传基因，其实仍可归于“天赋”——只要将思维向上推演：这世界上诞生的第一个人，又何谈“遗传基因”呢？

是故，人之所殊者天赋，所同者，亦天赋也。

孟子曰：“人之所不学而能者，其良能也；所不虑而知者，其良知也。”——明白了天赋必有，即可从“天赋”解之。此良能、良知，本就是人之天赋，亦人之所同者。

是故，象山之“发明本心”，理应是人人皆可做得之事（至于为何并非人人皆能做到，后文容述）。

二、承认天赋有高下之别

人之天赋有高下之别，与前文“人皆有天赋”并不矛盾。正如人皆有躯体，而躯体仍存高、矮、胖、瘦之差别。因此孔子有“上智”“下愚”之分，老子亦有“上士”“下士”之异。

从整体而言，人皆有天赋。从个体而言，天赋则有高下之别。

这也是为什么人本皆有良能、良知，但有的人会操持保存，有的人却会泯灭掉之缘由。骥之致千里，鹏之抟扶摇而上九万里，此天赋高者也。蝇与蜩与学鸠，从行与抟的角度来讲，则为天赋低者。

欲致广大，则请附骥攀鸿。

今之蔽，在于为学者似不知天赋有高下之别。

即：蝇与蜩与学鸠，常将自己认作与骥、鹏同等。甚至更进一步，常将自己认作高于骥、鹏。其表现形式即为：朝菌，却言判晦朔；蟪蛄，偏臆断春秋。

例如：现代知识分子颇以臧否前贤为能事，常做居高临下之指摘，屡将象山讥为禅学、本心即为先验道德意识、象山学是主观唯心主义等。那些煞有介事、画地为牢的样子，或为知者笑。

今之蔽，在于“学者们”似多以骥、鹏自居，忙于摇唇鼓舌之核论，更自诩为所谓客观立场，却只是不“学”。

古之月旦评，先须为名士，而后可评。

今之学者摇唇鼓舌，却前后因果颠倒，本非名士，欲以之成名成士尔。什么古圣先贤，不过被当成人文社科界晋身之资粮——平章风月，弹压江山，别是功名。

而对祖先、古圣、先贤，了无敬意，正体现出“山中无老虎，猴子称霸王”之“雄姿”。翻弄语辞、臧否前贤之姿态，正似不知人之天赋有高下也。

杜甫有诗云：“尔曹身与名俱灭，不废江河万古流”，此句正可为今之学者设。

三、其实不必解

象山之“发明本心”，不过是孟子“操存舍亡”之解。

以中国文化言之，所解愈简易，所体会者愈深。所解愈烦琐，却是不得其门而入。所谓“要言不烦”，所谓“真传一句话，假传万卷书”是也。

以此义言之，象山心学实在是最不好讲、不好学的，不只因为象山本人都“不著书”，亦因为其“简易”功夫，直接发明本心，以言语缀缀喏喏，反成限隔。

如此，则本书亦非必读、必写之卷。实为续貂之作，难堪付梓之文。然以承往圣之志，冀为心学之翼佐，常思先师孟子之“正人心”者，以慰愧汗。

为什么说其实不必解呢？

因为象山之“发明本心”，已经明明白白地“力劈华山”了，后学者只需要去体会何为“发”、何为“明”、何为“本”、何为“心”即可（发是生发，明是复明，受全盘西化侵蚀之现代人尤当注意，不应按西语模式，去将发明当作 invent 或 invention 之流）。

发明本心，已经开门见山。

但是见不得山，偏要九曲十八弯地以播弄言语之态度，去重新所谓分析、肢解、阐释、新诠，恰是宝山空回。仿佛听不懂直截了当的“我爱你”，只好去将“我爱你”新诠为“我喜欢你的角色扮演（cosplay）、妆容、美甲”……

若见不得山，需要做的其实并不是哓哓万言、长篇大论之分析，而是切切体会，所谓“切己致思”是也。

九曲十八弯地分析、肢解、阐释、新诠，一味播弄语辞，只会见到一万片叶子，反而形成遮蔽，更见不得山。

例如：今人以所谓道德哲学、精神旨趣、多重维度、务虚论、工夫论、观念论、本体论、宇宙观、生生伦理学、主观化演进等，来对象山进行的各种变形解读，最终多会陷入一堆西式新名词里，起到增加一头雾水之作用。（所谓中西比较研究，前提是有的“比较”，西方哲学里根本没有“心”，却如何比较？）

不是说“分析”的功夫不能下，而是说把功夫用在“分析”上，反而会妨害了“体会”。

思想可落于辞章，却不应囿于辞章。

当思象山之“不著书”。

“发明本心”四个字本已经说尽了，来回来去、反反复复地进行各种变形诠释、重构改编、穿凿附会，可为现代知识分子乞食之钵，却非为学真谛。

因为以西哲术语穿凿附会者，不是“发明本心”，恰恰是纠结旁物。

象山云：

> “为学只是理会此‘诚者自成也，而道自道也’，何尝腾口说？”

> “此则罪在不常久上，却如何硬把捉？种种费力，便是有时

得意，亦是偶然。”①

所谓“得意”，是得意忘象、得象忘言之得意。而抛离“本心”，反而纠缠于各种穿凿附会之西化新名词，正是不得其意之“种种费力”。

象山曾作精妙譬喻：

“‘狮子咬人，狂狗逐块。’以土打狮子，便径来咬人，若打狗，狗狂，只去理会土。”②

这譬喻中，狮子之“径来咬人”，便是开门见山。而狗却“只去理会土”，便是纠结旁物。

中国自古即有“蹄者所以在兔，得兔而忘蹄。言者所以在意，得意而忘言。”象山云：

“读《孟子》须当理会他所以立言之意，血脉不明，沈溺章句何益？”

此“理会他所以立言之意”，便是“得意”。而陷入各种各样、层见叠出之“分析”，无异于“沈溺章句”罢了。以叶而障目，则难见泰山。象山云：

“今之学者，只用心于枝叶，不求实处。”③

因此，本节回目其实不必解，只谓从“发明本心”去见山，寻其“血脉”，寻其“实处”——得意可也。不必左阐释、右新诠，似乎条条是道地“只去理会土”。

四、尤不应以西学范式强作解人

上文中说道，中国之学问自古即有“蹄者所以在兔，得兔而忘

① 陆九渊. 陆九渊集［M］. 钟哲，点校. 北京：中华书局，1980：443.

② 同①：445.

③ 同①：444.

蹄。言者所以在意，得意而忘言”之境界。此种境界是西方文化所难以了解的，一如西方“写实”之油画作者难以了解中国画之“写意”。

就思想而言，重要的是思想，次要的才是承载着思想的语言文字。

后学去了解前贤之思想，在人类尚未进化出思维与思维直接“对接”的时期，我们若欲了解、体会一种思想体系，似乎只能通过解析语言文字来进行——因此，现阶段，语言文字实为思想之载体与工具。

如果说“思想→思想”是一种直接交流，那么，通过语言文字从而进行的“思想→语言文字→思想”，即是一种转译式的间接交流。此种转译式的间接交流，其实是无法达到100%准确的，多数转译过程中存在着若干缺损、错漏甚至扭曲。

再进一步，阐释愈多、愈繁杂，则必然代表着语言文字会被使用得愈多、愈繁，进而缺损、错漏甚至扭曲也会相应地愈多、愈繁——就像一张渔网被编得越细密，则网眼（漏洞）会越多一样。因此象山会说：“易简工夫终久大，支离事业竟浮沉。”

语言、文字只是去了解前贤思想的工具。

工具必不可少，但却不可执着于此，否则便易陷入买椟还珠之讥。“得意忘言”便是这个道理。陶渊明《饮酒》诗中，所谓“此中有真意，欲辨已忘言”；刘禹锡《视刀环歌》中，所谓“常恨言语浅，不如人意深”，亦是这个道理。

更进一步，《孟子·公孙丑上》中，有（弟子）问：“敢问何谓浩然之气？”孟子对曰：“难言也”；《庄子·秋水》篇中，“可以言论者，物之粗也；可以意致者，物之精也”。

正如我们修桥、铺路的目的是“远方”，而不是修桥、铺路本身。

若是不能去向远方，只终日沉迷于修桥、铺路，则是倒置了本末，于是修桥、铺路本身，便相应地丧失了其真正的目的与意义。

而这些，是西方执着于“逻辑”的哲学家们所难以理解的，因为不符合他们的“逻辑（logic）”。而所谓“逻辑”，源自古希腊语

logoc，本身最初表达的含义即是“言语”。复从“言语”引申而成所谓“推理”。

因此，从训诂而言，所谓“逻辑”，没什么高大上的，其本质不过是西方人“言语、说话”的模式而已。西语之字母只是字母，无法表“意”，故必硬造时态、语态、语法等各种款式以使听话者明白。而相比西语更高级的中国文字，其实并不需要这些——但这是字母体系思维所难以理解的。例如：马致远的小令，中国人都懂的“枯藤老树昏鸦，小桥流水人家，古道西风瘦马”，因其不符合西式语法，甚至都分辨不出主、谓、宾、定、状、补，便会被认定为无逻辑无推理——其实只是因为不符合字母体系的说话模式。

额外说一句：新兴的人工智能的语言并不遵从所谓语法模式，亦不是从语法角度生成语言，而是更关注词的统计或概率。换句话说，在技术正在生成“知识”的新时代，“逻辑”（logic）并未被人工智能所使用与采纳。何所表征？

西方哲学所引以为傲的，代表着哲学基准性规律、规则的“逻辑”，若说得直白一些，其实便是庄子所言“物之粗也”。

还是《庄子·秋水》篇，其中“井蛙不可以语于海者”“夏虫不可以语于冰者”“曲士不可以语于道者”，或许便是西方哲学家之于中国思想的写照，也就是上文所述西方字母体系下的受训练者，很难真正了解中国学问、境界之缘由。

黑格尔在《哲学史演讲录》中讲：“孔子只是一个实际的世间智者，在他那里思辨的哲学是一点儿也没有的——只有一些善良的、老练的、道德的教训，从里面我们不能获得什么特殊的东西。”① ——看一看黑格尔对于中国哲学、孔子的贬低性评价，或许人们可以体味一下何为“井蛙”“夏虫”与“曲士”。

连张养浩、马致远、关汉卿都读不懂的西方学者，却觉得自己可以读懂并居高临下地点评或指摘孔子，你除了冷笑，还能把他怎样呢？

略展开解释一下，之所以说西方哲学家很难了解中国思想与境界，有一个根本性原因，即西方文化基于字母文字体系。而在我们

① 黑格尔．哲学史讲演录：第1卷［M］．贺麟，王太庆，译．北京：商务印书馆，1959：130.

中国，则是“象”形会“意”文字体系。

在象形会意文字体系下，“言”“象”“意”三者之中的“言”与“意”，是可以通过“象”打通的。

不必说思想家，哪怕对于普通中国人而言，理解“言有尽而意无穷”，理解“悠然心会，妙处难与君说”，理解“弦外之音”“言外之意”“言下之意”，其实基本都是无障碍的。心仪姑娘给你发的“好人卡”、单位领导对你打的官腔、办事人员跟你谈的“原则上讲”……生活里的种种，都会让你明白什么叫“言外之意”。

但是由于西方字母文化体系的构成中，字母只能表“音”，完全不能够表“象”，因此，彼辈也就只能停留在代表着“言语”的“逻辑（logic）”层面，从而难以意识到，还有比“logic”更高级的“意”。

由于没有“象”，字母体系学者便只能停留在“言”的层面去“理解”，而无法懂得还有“象”层面的“体会”，以及“意”层面的“领悟”。“领悟”，甚至都难以找出西语单词来对译，勉强转译为 comprehend 或 understand 之流。

表现在现实生活中，举个简单小例子：西方对于“爱”的思维，便是“爱要大声说出来”“你不说出来我怎么能知道呢?”——对于不成天把“爱”挂在嘴上的中华民族，则会被无知者攻击为过于含蓄或不勇敢。

这个爱要“说”出来，其实就是西方字母文化体系只能表“音”的重大缺陷，于是西方的爱，只能依靠“听觉”。

而中国人，却普遍都能领会与明白“心有灵犀一点通”——中国的“爱”（古代的“愛”字有心，现代简体字已将心去掉了），不靠听觉，而是用心。

“别是一般滋味在心头”“更别有，系人心处”“心中事，眼中泪，意中人”“算得人间天上，惟有两心同”“心似双丝网，中有千千结”……耳熟能详、脍炙人口。

即便退一步讲，领会不到“灵犀”这个程度，中国人也不会整日将“爱”挂在嘴上，因为中国文化里还有“相思”。

“入骨相思知不知”“只有相思无尽处”“酒入愁肠，化作相思泪”“一种相思，两处闲愁”“只愿君心似我心，定不负相思意”…… 这所谓“思”，依然不靠听觉，而是用心。

即便再退一步讲，连“相思”这一层级也体会不到，那也还能够退而求其次地落实到一个比耳朵（听觉）更为重要的器官：眼睛（视觉）。

“一日不见，如三秋兮”“执手相看泪眼”“眼波传意，恨密约，匆匆未成”“绣面芙蓉一笑开……眼波才动被人猜”“眼波偷送，笑把花枝弄”……不只是因为视觉相较于听觉更重要一些，还因为中国人都知道，眼是什么？“眼为心之苗”——依然是用心。

如果你看着对方的眼睛，却不晓得或者搞不清楚对方是不是爱你的。那么，对于对方爱不爱你这件事，其实已经有答案了，不是吗？

因此，西方表“音”的字母文化体系下的学者们，那种只能依靠听觉才会明白“爱”的进化等级，又怎么能去领会高一个层级的“水是眼波横，山是眉峰聚”的视觉层次呢？

复又怎么能够领会高两个层级的“一日不思量，也攒眉千度”的“思”之境界呢？

复复又怎么能够领悟高三个层级的“才下眉头，却上心头”的“心”之境界呢？

可见，像黑格尔这般的西方哲学家们，相当欢乐地认为从孔子那里，“我们不能获得什么特殊的东西”，不就是情有可原吗？因为他们没能力搞懂“言外之意”“悠然心会”，因此，当西方哲学家们在井里对中国文化指手画脚、振振有词的时候，那空气中都充满了“快活”的气氛。

虽然西方字母文化体系难以了解中国思想文化，但是，由于近代鸦片战争以来的所谓“西学东渐”，以清末民初那一批留洋归来的“精英”知识分子们为起始，着手于、致力于将中国思想用西方学科范式进行归纳与演绎（可简称为“以西解中”），便有如将 42 码的脚，强塞入 35 码的鞋——此可谓“削足适履”矣！

或出于“全盘西化”之激进，或出于崇洋媚外之情结，便全然不顾脚大而鞋小之事实，将更为高级且不符合西方人“逻辑”之中国思想，生搬硬套入西方范式，基本上是“按照西方的价值系统、观念框架、问题意识、甚至话语体系”对中国传统文化中的相关思想进行“裁减、梳理、编排、改造”①。

当时蔚然成风之“以西解中”之时尚，在新文化运动旗手胡适的《中国哲学史大纲》里即有明确体现。其在“导言”中，即将中国数千年之思想史，用西方所谓“宇宙论”“知识论”“人生哲学”“教育哲学”“政治哲学”“宗教哲学”② 这六种新名词来进行编排、归纳与解构。其大弊端有二：

其一，是此种“分”析、肢“解”的西方模式，可适用于尸体之解剖学，却未可适用于人之活体。换句话说，活人，未可如此生硬“分”而“解”之。活人或可分为“五”脏与“四”肢，但将“五”脏与“四”肢缝在一处，是造不了活人的。

其二，以西方种种新概念、新名词（“宇宙论”“知识论”“人生哲学”“教育哲学”“政治哲学”“宗教哲学”等）为框架，将活泼泼的“意”，画地为牢、以邻为壑，反而陷入“言、象、意”中较为低级的“言”之层面，无法自拔。

分析、肢解完毕后，尽管表面上看似乎能让读者更为清晰了然，但其实让人了解的却是“宇宙论”“知识论”“人生哲学”“教育哲学”“政治哲学”“宗教哲学”六个“部分”，而不是“此中有真意”的“意”——因部分，而失了全体；因小，而失了大；因脏器，而失了活人。

正如前述象山曾作之譬喻：“‘狮子咬人，狂狗逐块。’以土打狮子，便径来咬人，若打狗，狗狂，只去理会土。”——只去理会了“宇宙论”“知识论”等六个土块，这狗终究还是狗，是成不了狮子的。

但是胡适的这种“以西解中”模式，实开风气之先河。胡适之后，冯友兰的《中国哲学史》、张岱年的《中国哲学大纲》等，皆以宇宙论、人生论、知识论（含方法论）为“分”“解”中国思想之框架（张岱年将知识论改为致知论）。

---

① 胡治洪．中国哲学通史［M］．南京：江苏人民出版社，2021：709.

② 胡适．中国哲学史大纲［M］．上海：华东师范大学出版社，2016：2.

冯友兰之《中国哲学史》，实质上“也就是对西方哲学史的摹写或者誊印”，即按照西方哲学史框架，将中国思想和思想家强塞进去，“脚”舒服不舒服是不管的，至少“鞋”看起来颇有所谓西式“逻辑性”“学术性”。

这种民国学风，一直延展至21世纪的当下，仍然是学术界裁减、编排、改造中国思想文化之利器与必备模式。颇有谎言重复一千遍即为真理之架势——如果不以此种模式书写，甚至踏入不了“学术界”之门槛。

近现代以来，此种以西哲体系、范式来约束、规定、编排、裁减、限制、肢解中国思想的模式，只是“精英”“西化”知识分子们辛苦垒起来、将普通人挡在门外的门槛，却不是、也不应是中国人自己的进路。

其所谓体系范式，对知识分子来说，或许是支撑他不良于行的拐杖、轮椅，但对普通中国人来讲，却相当于“华人不得入内”之标牌——因为在此种学术范式的约束下，不研究西方哲学史、不了解西哲学术前沿甚至不懂得西哲新名词的普通中国人，已经无法去学习中国思想了。

换句直白点的话说，此种学术范式，给中国人学习、领会中国思想，“学术化”地安排了一个强制性前提，即中国人若欲学习自家祖先的思想，要先去西方哲学体系里绕个大弯。

因此，以象山思想为例（其实中国所有思想家都受到这种“裁减、编排与改造”），在现代解读其思想之际，便按照各种生造新名词，所谓道德哲学、精神旨趣、多重维度、务虚论、工夫论、观念论、本体论、宇宙观、生生伦理学、主观化演进，等等，来进行“分”“解”。如非必要，勿增实体，不晓得吗？说人话，说中国话，说中国老百姓能听得懂的话，很难吗？

由于不说人话，以所谓“西方学术语境”“西式语词”生硬肢解，于是本来中国思想家“一以贯之”的思想，常被拆成一个又一个土块。而那狗，在六个土块的基础上，又新理会了六百六十六个土块（各种译介新名词），却离真正的“意”愈来愈远了。

奈何此病得于百年前，原因兹不赘言，俗语“病来如山倒，病去如抽丝”，唯盼以“文化自信”之汤药，渐起沉疴罢。

五、为何被讥为禅学

世俗间有种流行的误解，即将象山心学指认为禅学。

例如：中国哲学史学会的《宋明理学讨论会论文集》中便这样表达：“当时和后人的批评，则大多认为陆学近禅。”①

若干学者在此基础上都有类同之表达或发挥。如“他（指象山）继承孟子的主观唯心主义哲学思想，同时接受了佛教禅宗的基本观点，创立了宋明理学中的‘心学’这一流派”②，这不只是把象山，甚至把孟子都一并拉下水，直接搞成主观唯心主义了；又如有学者卜卦吉凶、铁口直断：“陆学近禅，这是事实。”③

更有甚者，不只诬象山近禅、接受佛教基本观点，甚至更进一步诬象山“袭禅”。并且，仅为“袭禅”还不够，还要同时诬为“援道”。

例如：“程朱理学发展成熟并盛行之时，故楚之地人陆九渊，虽尊儒，却大援道、直袭禅而别创理学中的‘心学’一派”④ 云云。这种“铁口直断”“一语成谶”“凭空诬人清白”的例子不胜枚举。因此也符合中国哲学史学会的结论“大多认为陆学近禅”。

而佛教中人当然对这种误解喜闻乐见，接棒过来继续说：“陆九渊、王阳明的‘心即宇宙’的一体同仁说，与禅宗有直接的理论渊源关系。而‘吾日三省吾心’，与禅宗的自净其心与识心见性原为一理。陆九渊提出直接发明本心达到‘知’的认识论，也源于禅宗‘直指人心，见性成佛’的顿悟理论”⑤，云云——这是誓将无厘头进行到底呀。

然而事实果如此乎？

---

① 中国哲学史学会，浙江省社会科学研究所．论宋明理学［M］．杭州：浙江人民出版社，1983：328.

② 张舜徽．中华人民通史（下）［M］．武汉：华中师范大学出版社，2008：1249.

③ 冯契．中国古代哲学的逻辑发展：第6卷［M］．上海：华东师范大学出版社，1997：135.

④ 蔡靖泉．楚文化流变史［M］．武汉：湖北人民出版社，2001：568.

⑤ 陈泽泓．南派禅宗创始人：惠能［M］．广州：广东人民出版社，2005：161.

禅宗讲起源，每每要从佛祖于灵山法会拈起那一朵花讲起，佛祖拈花而众皆茫然，唯有迦叶微笑。于是“吾有正法眼藏，涅槃妙心，实相无相，微妙法门，不立文字，教外别传，付嘱摩诃迦叶”。

从“微妙法门，不立文字”，到六祖慧能接过禅宗衣钵时，慧能本人又是个不识字的妙悟之人，其最著名的佛偈曰：“菩提本无树，明镜亦非台。本来无一物，何处惹尘埃？”

这种不立文字、不识字、以心传心、直见本性等做法，便很容易让人将象山常教人“求放心”以及象山平生坚持“不著书”联系起来。

尽管后世亦有一些学者为象山辨诬，如唐君毅：“禅宗所重之此心，原不同于象山所重之心”①，如张君劢：“从根本上看，陆九渊仍然属于儒家，他的观点和佛家毫无关系。”② 然而学界的主流，依然是陆学近禅、是禅、袭禅之类。

而新儒家开宗大师熊十力其实已经说得很透彻了：“至陆王乃澈悟。世儒不知禅之有合于儒，而疑陆王袭禅法，岂不诬哉。”③ ——视而不见奈其何？

佛教于汉代初入中国，便攀附于老庄、道教而求存。“当时佛教中人，上至思维方式，下至遣词造句，都在学习老、庄。”④

彼时佛教尚无若干“色即是空”“以心传心”“明心见性”之类的理论拓展。其基本教义与理论仅为：“精灵不死，轮转报应。”⑤

例如：中国第一部汉译佛教经文《四十二章》中，有沙门问佛，而佛言：“道”无形相。老子讲少私寡欲，佛教便接着讲省欲去奢。诸如：人怀爱欲，不见道；人为道，去情欲；等等。身为佛陀，而张口闭口皆言“道”，攀附之姿毕显。后世之人，可以此而诬老子之“道”，近佛、袭佛乎？

及魏晋时期，玄学兴起，佛教又攀附于玄学。

彼时玄学清谈盛行，佛教遂嫁接玄理，名僧们皆极力与士大夫

---

① 唐君毅. 中国哲学原论·宋明儒学思想之发展［M］. 北京：九州出版社，2021：201.

② 转引自李承贵. 陆九渊［M］. 西安：陕西师范大学出版社，2017：147.

③ 熊十力. 读经示要［M］. 上海：上海书店出版社，2009：215.

④ 吴哲. 道之所在：朱熹礼学思想研究［M］. 沈阳：辽海出版社，2016：78.

⑤ 汤用彤. 汉魏两晋南北朝佛教史［M］. 北京：北京大学出版社，2011：50.

阶层相交游。因与玄学混成一排，以致时人难以分辨其中差异。用汤用彤的话讲即是，到玄学衰落之际，“佛教乃篡学术大柄”。

《世说新语》中有故事可以证明：“问：‘道人何以游朱门？’答曰：‘君自见其朱门，贫道如游蓬户。’”① ——这个自称“贫道”的人，便是佛教名僧竺法深。

僧人自称“贫道”，依附于道教还不够明显吗？后世之人，能因为道人自称贫道，僧人也跑过来自称贫道，二者有相同之处，便诬道教近佛、袭佛乎？

而佛教运用纯熟的“以佛入道”“以佛入玄”手法，难道偏偏放过中华正统之“儒”吗？“以佛入儒”实亦在所多有。

例如名僧契嵩，放着佛经不注不疏，而去作《中庸解》《孝论》，频频语及“能仁”“正觉”等。在其著述中，通篇多引儒学言语，使人易接受而不设防，真正的内涵却似是而非。然而竟因文辞巧妙而得士林轰传，以至于该僧自矜道：“会夫儒者之说，殆亦尽矣。”——此之可谓“妄人”“曲士”矣。

此种“以佛入儒”在所多有、不胜枚举，在现代被学界称为“佛教中国化”。那些近现代诬蔑象山近禅的知识分子们，似可以再思量一下，何谓佛教中国化？又为什么不能反过来说是中国佛教化？

因此，熊十力说“禅之有合于儒”，儒是根本，禅是攀附、援引也。而若反过来下结论“儒之有合于禅”，则“岂不诬哉”！后世诬象山近禅者，皆此类也。

后世诬象山近禅者，并非自身具有高于心学、禅宗二者之思想穿透力与学术洞察力，故能自发宏论。不过因袭旧说、拾人牙慧，然后沾沾自喜而已。

那么，因袭何人呢？

将象山心学讥为禅学的始作俑者，似朱子也。

“陆学固有似禅处”“子静一味是禅，却无许多功利术数”“子静之病恐未必是看人不看理，自是渠合下有些禅的意思”“（陆氏之学）只是禅”“陆子静之学，自是胸中无奈许多禅何”②（《朱子语

---

① 刘义庆.《世说新语》笺疏［M］. 余嘉锡，笺疏. 北京：中华书局，2007：129.

② 黎靖德. 朱子语类：卷一百二十四［M］. 北京：中华书局，1986：2978.

类》卷第一百二十四)，等等。

象山“发明本心”与禅宗“直指人心”完全两回事。

然则在“发明本心”方面，其实象山显非禅，而朱子实近禅。

简单解释一下，那些诬象山心学是禅、近禅者，常取象山之“发明本心”，与禅宗“直指人心，见性成佛”等言辞相混淆，以此认定“发明本心”不过就是禅语“直指人心”之类。

前文曾讲过，象山之“发明本心”，是对孟子“操存舍亡”之解。并着重提醒：发是生发、明是复明（受全盘西化侵蚀之现代人尤当注意，不应按西语模式，去将发明当作 invent 或 invention 之流）。

为什么明是“复明”？因为此心，操则存之，舍则亡之。此“心”不是像一块礁石似的，不管风吹雨打，礁石就在那里——此心若不得操持，是会“亡”（消失义）的。

就像达尔文的理论被叫作进化论，但物种并不总是在进化的一样：“天择的最后结果，包括生物的进步及退步两种现象”——似不能因为被叫作“进化论”，便以为物种根本不会退化——同理，亦似不能因为被叫作“心”，便自以为这“心”肯定在“我”这里。

正因为心是会“亡”的，所谓“操则存之，舍则亡之”，在人们没有明确意识到需要时时“操持”才能使心存有时，那么其实多半是“无心”的状态，却不自知的。

因此，才要“先立其大”，以使“心”复明。

而禅宗的所谓“直指人心”，乍看起来颇有力，蒙起人来一蒙一个准。但恰恰是尚未晓得“心”为何物的限隔语——因为佛语之前提其实是默认人心必在的。

误以为心似礁石，不管怎样，它都在那里，似乎只要去“直指”就行了。我们的疑问就来了：你指哪儿啊？朝哪个方向指叫“直”指啊？舍则亡之，你又在那瞎指什么呢？空气中又要充满快活的味道了。

其他的禅宗语录里像什么“顿见佛性”呀，“自净其心”呀，“我心即佛”呀，“自性具足”呀，等等，彼辈以此类禅宗语录，向卓然自立的象山心学上牵强附会、生靠硬拗，试图来证明“心学不过是禅宗的变种”这样的结论，不过又是上述佛教中国化过程中，佛教“以佛入道”“以佛入玄”“以佛入儒”的手法延续罢了。

他们甚至可以说，你看，名僧契嵩作《中庸解》《孝论》，大谈“能孝”“能仁”，说明儒家的“仁”“孝”思想不过就是佛教的变种嘛。我们中国之“仁孝”，果真是此种僧人们舍父离母、抛妻弃子之“仁孝”乎？

熊十力的“岂不诬哉”，可以再读一遍。

为什么说相比象山，朱子讲“心”实近禅？

上一段文字明辨了象山非禅，接着讲为什么在“发明本心”方面，其实象山非禅，而朱子实近禅。

此取二者日常论“心”之言语于一处，合而同观，即可得知。

象山论心：

“正其行之心”“心不肯安，必要求其实而后已”“自欺是欺其心，谨独即不自欺”“孟子就四端上指示人，岂是人心只有这四端而已？”“作德便心逸日休，作伪便心劳日拙”“须是放教此心，公平正直”“在天者为性，在人者为心”“若行事不当于心，如何得浩然？”①（《象山语录》），等等。

朱子论心：

“心统性情者也。寂然不动，而仁义礼智之理具焉”“虚灵自是心之本体，非我所能虚也”“神明不测，至虚至灵，是甚次第！”“心官至灵，藏往知来”“然心之本体未尝不善，又却不可说恶全不是心”“心虽是一物，却虚”“心之全体湛然虚明”。②（《朱子语类》卷第五），等等。

象山说正心、放心、安心、当心者，公平正直，并且各自有“行”“实”“谨独”“行事”“作德”等来进行落“实”。所谓“一实则万虚皆碎”。

而朱子说心，所谓“寂然不动”，所谓“虚灵”，所谓“神明不测”，所谓“至虚至灵”，所谓“却虚”，所谓“湛然虚明”，却近乎与儒家之“心”截然而相反，很难落“实”。

---

① 陆九渊. 陆九渊集［M］. 钟哲，点校. 北京：中华书局，1980：395-478.

② 黎靖德. 朱子语类：卷五［M］. 北京：中华书局，1986：82-98.

因此，这些“神明不测”“至虚至灵”“湛然虚明”之类语辞里，却反而透露出一股佛教语的宗教味道。

至于我们看朱子所谓“不可说恶全不是心”，恐怕亦可以知道朱子之学问在“理”学，对于“心”学，似有些许不甚了了、强以说之之势。

朱子讥象山近禅的原因，大体而言或有二：

其一，从学问角度来讲，朱子似并未了解象山之学之根本，即“心”。但是朱子所极反感的却不是“心”，而是象山的“简易”。

如横渠的“心统性情”说，朱子便大加赞赏，认为“心统性情之说大有功”①。可见朱子并不特别反感“心”。

但是象山的“简易”却是朱子完全不能接受的。纵观朱子一生，“辨文末”② 的特点贯穿始终。文，典籍，即典章文物之义；末，就是细节。朱子认为，为学，须下切实功夫，虽细枝末节，亦须辨之析之。

例如，我们看朱子认为什么样的学问是好的，“其学似最优，说得皆有证据”“盖其所著皆据本而言，非出私臆。某细考其书，皆有来历，可行。”③ 在朱子这里，能得到最优评价的，要“皆有证据”“皆有来历”。

朱子自己也极擅长于精细考据，观其一生极丰之编次、著述，按《宋史》所载：《周易本义》《启蒙》《诗集传》，大学、中庸《章句》《或问》，论语、孟子《集注》，太极图、通书、西铭《解》，《楚辞集注》《韩文考异》《论孟精义》《孟子精要》《中庸辑略》《孝经刊误》《小学》《资治通鉴纲目》《宋名臣言行录》《家礼》《近思录》《伊洛渊源录》等。又有《仪礼经传通解》未脱稿，亦在学官。平生凡为文一百卷，生徒问答凡八十卷，别录十卷④。

其学问涉及方方面面，几无所不包，被清人全祖望评价为“致广大，尽精微，综罗百代矣”——这样一个穷尽一生精力“我注六

① 黎靖德. 朱子语类：卷五［M］. 北京：中华书局，1986：91.

② 吴哲. 道之所在：朱熹礼学思想研究［M］. 沈阳：辽海出版社，2016：105.

③ 黎靖德. 朱子语类：卷八十四［M］. 北京：中华书局，1986：2183.

④ 脱脱，等. 宋史：卷四二九［M］. 北京：中华书局，2004：12769.

经”，做学问不厌其细、不惮其烦、综罗百代的大思想家，我们其实只能充满深切的敬意，而不能去要求他来欣欣然接受近乎相反的“简易”“不著书”“六经注我”这样的思想。这其实是朱子与象山两个大思想家之间的思想关键分歧，近乎于无法调和。

又由于象山的“不著书”“简易”“一是即皆是，一明即皆明”，便极易被朱子判定这不是读书人的进路，而是不立文字、直指人心的禅宗法门。

但是，在此处，朱子还是略有武断了，其中或有意气成分（后详）。象山的“不著书”，并不是不读书。读书人的进路，是读书，是明道，却并不必定要著书（此亦是本书之作犹豫再三、不想动笔的原因）。儒门先师孔子即是“述而不作”，孔子述周，而象山述孟（自言“全无杜撰”），依然是儒学家法。

后世那些强行将象山不著书与禅宗不立文字关联起来的人，要么无知，要么不怀好意而已。

其二，从性情角度来讲，朱子待象山似难称厚道。

为尊者讳，此段本不应讲。但象山心学被指认、被讥讽、被误会、被污蔑是“禅”，已近千年，从这个角度来看，象山才是那个被污者、受害者。为受害者鸣鼓而申，即本书的题中应有之义。若避而不谈，反而是对象山极不公平之事。

且象山确君子之风，被人讥为禅，却并未反唇讥之，虽与朱子仍有书信往来、辩论，如辩“无极”“太极”等，却只是凭心而论，就事论事不涉其他。“在陆九渊这里，我们的确找不到像朱熹这样连篇累牍地指朱熹之学为禅的情形。”①

在朱子、象山一生交往过程中，双方有妥协，有坚执，有对立，亦有同声相求。但从二人一生交往的首、尾（首指初相识，尾指象山离世），或可看出些什么。

朱子与象山初会于鹅湖，即史上著名的“鹅湖之辩”。

在双方尚未见面之前，象山之兄复斋（陆九龄）与象山私下论辩，做了一首哲理诗，其中理念有不及与未妥之处，象山认为复斋之诗句并未通达，便自己次韵和了一首诗来厘正。

---

① 李承贵. 陆九渊［M］. 西安：陕西师范大学出版社，2017：101.

复斋诗之颈联“留情传注翻榛塞，著意精微转陆沉”，而象山和诗之颈联是：“易简工夫终久大，支离事业竟浮沉”。

到了鹅湖会上，复斋、象山分别诵读了自己的诗，但由于在论辩的气氛下，朱子似以为象山这首和诗（本来是对复斋诗的纠偏）是在讽刺他，于是产生了相当的不愉快。《宋元学案》载：“紫阳（朱子之别号）以为讥己，不怿。”① 这个“以为讥己”，是误以为，朱子误会象山在先。

但是朱子在鹅湖之会当时，并未能够整理思绪直接反驳象山此诗，朱子的驳诗在约三年后方才到来。

双方初见大约十日后，朱子与象山在核心论点上仍未能取得一致，鹅湖之会结束。

三年后，朱子次复斋、象山诗韵，写了首诗回应，《鹅湖寺和陆子寿》，颈联“旧学商量加邃密，新知培养转深沉”，明显可见，是对象山“易简工夫终久大，支离事业竟浮沉”的耿耿于怀与念念不忘。

鹅湖论辩之后，朱子与象山交往的过程中，双方都发出、做出了一些相互折中调和的信号和举动，书信往还、邀请讲学等。但是枝叶类问题可调和、适当妥协，根本性问题仍是各执己见。一直到象山去世，严谨地讲，双方并未能取得最终一致。

而在象山离世之后，朱子又做了一事，据《朱子语类》记载：“象山死，先生（朱子）率门人往寺中哭之。”——到这儿是没有问题的，问题出在接下来——“（哭之）既罢，良久，曰：‘可惜死了告子！’”②

世所周知，象山在世时，自许“因读孟子而自得之于心也”。而读过《孟子》的人大都知道，告子就是常常被孟子批驳至哑口无言的那个人。朱子这句“可惜死了告子”，可谓诛心之语。

暗讥象山读《孟子》却不是“上接孟子”，而接了《孟子》中的反面或对立面人物告子。此近乎于将象山定为异端了。尤其又是在象山刚刚离世，已经不能替自己起而辩之的情况下，给了一个

---

① 黄宗羲. 宋元学案［M］. 全祖望，补修. 北京：中华书局，1986：1886.

② 黎靖德. 朱子语类：卷一百二十四［M］. 北京：中华书局，1986：2183.

“可惜死了告子”的盖棺定论——无论如何，这种举动，都似乎有些不厚道了。

因此，不管朱子与象山在一生交往过程中，有多少折中调和的意图、信号与举动，二者相交的一首一尾（首是鹅湖初会，尾是盖棺定论），朱子皆失于敦厚、流于偏颇矣。而将象山心学指认为禅，亦是如此。

六、“集大成”与“自得之”之差异

朱子自认小程子之门徒，自言：“河南程氏两夫子出……虽以熹之不敏，亦幸私淑而与有闻焉。”① 朱子成为思想家的途径与象山不同，朱子是在穷尽一生做学问的过程中，归纳、累积智识而成思想家，此一累积过程，被后世尊称为“集大成者”②。

从“集大成”方面，朱子强于象山，相应地，于“自得”方面，朱子却是弱于象山的。

朱子之治学，远超同侪、前辈，但在思想境界上，似终居于二程之下。

此观朱子自言：“某说大处自与伊川合”“敬之一字，乃圣门第一义”③ 等语（“敬”是伊川核心语），亦可见朱子思想、学问的核心法门始终未曾越出小程子藩篱。而世称“程朱理学”，程亦必在朱前，未可称为朱程理学，虽有二程出生时间早于朱子之故，但又未可仅以此视之。

此观濂溪与明道即可知。明道幼学于濂溪，却不可以“周程”称之，因为明道清清楚楚地表达过：“吾学虽有所受，‘天理’二字却是自家体贴出来。”④ 这个“自家体贴出来”即是思想家之“自得”。

简单些讲，程朱理学，“天理”是明道的，“敬”是伊川的，朱子之功，不在于“自得”，而在于将其发扬光大。

---

① 朱熹. 四书章句集注［M］. 上海：上海古籍出版社，2002：14.

② 钱穆. 中国思想史［M］. 北京：九州出版社，2011：187.

③ 黎靖德. 朱子语类：卷十二［M］. 北京：中华书局，1986：210.

④ 程颢，程颐. 二程集［M］. 王孝鱼，点校. 北京：中华书局，1981：424.

因此，尽管在著述、治学、名气上，朱子已远超二程子，但唯独在思想上，却难以如此视之。此亦前谓“在思想境界上，似终居于二程之下”之缘由。

程颢、程颐在《论学篇》（主要是伊川语）里讲：

> “今之学者有三弊：溺于文章，牵于诂训，惑于异端。苟无是三者，则将安归？必趋于圣人之道矣。”①

以伊川之评判标准，朱子与象山二者之间，象山反而是那个无此三弊者，亦必趋于圣人之道者。因为象山既不溺于文章，亦不牵于训诂，更不可能惑于异端（惑于异端，“心”则舍亡矣）。

二程《论学篇》又讲：

> “义有至精，理有至奥，能自得之，可谓善学矣。”

> “思索经义，不能于简策之外脱然有独见，资之何由深？居之何由安？非特误己，亦且误人也。”②

此“能自得之”“于简策之外脱然有独见”方面，不可谓朱子无有，然象山较朱子之发扬河南程氏之学，似更符合“自得”与“独见”。

严格来讲，一个人著作丰盈，当然比不学无术者善学；但从思想境界上讲，真正善学，著作丰富是不如“自得之”的。

这也是为什么小程子之著述明显比大程子多很多，但世所公认在思想上，大程高于小程（伊川亦自认不及）之缘由。

朱子作为一位大学问家，做学问不厌其细、不惮其烦，其治学体系涉及方方面面，几无所不包，因此被评价为“致广大，尽精微”。但作为一位大思想家来衡量，其学问不厌其细、不惮其烦，却不是必由之路（可由，亦可不由，故曰非必由）。

举个小例子，可以引人思索一下：

---

① 程颢，程颐．二程集［M］．王孝鱼，点校．北京：中华书局，1981：1185.

② 同①：1187.

思想家谢良佐以进士之姿拜入程颢门下，“初以记问为学，自负该博，对明道举史书，不遗一字。明道曰：‘贤却记得许多，可谓玩物丧志！’谢良佐闻之，汗流浃背，面发赤。明道却曰：‘只此便是恻隐之心。’”①

这里面至少有四层含义，第一层，谢良佐学问确实广博，已达到“举史书不遗一字”的程度，可谓能学、肯学、博学、善学，而非不学。但这博学善学，却非思想家眼中真正的“善学”。

第二层，学问广博却被老师批评为“玩物丧志”。虽博学，却非志学。何谓志学？孔子曰十五有志于学，所学即所志，所志即所学。这个其实常人并不好理解，因为在常人看来，第一层之博学已经是了不起的成就了。此可参看《河南程氏粹言》中：“或问入道之功。子曰：‘立志。志立则有本。’”亦可体会象山为什么说“先立其大”“辨志”。

第三层，谢良佐被批为玩物丧志，然后汗流浃背、面发赤，是因为他的思想境界虽低于明道，却亦已入得思想之门。因此被一点醒，便明白了过来。如果未入门，反应便可能是“颇为不服”了。

第四层，便是恻隐之“心”。后人或疑，为何谢良佐汗流浃背反而是恻隐之“心”？其实此乃明道自道，不是指谢氏。明道见谢良佐误入歧途，从而有不忍人之心，这不忍、同情，化为一句“玩物丧志”，点醒歧途，便与见孺子将入于井而伸出援手一般，是恻隐之“心”。

明道是懂“心”的。明道若在，必不会非议象山，二人气象相近，清明高远，又同履举重若轻而非举轻若重之路，不畏浮云遮望眼，自缘身在最高层。

天边朵朵浮云，不是不美，而是在大思想家眼里，能看到比浮云更高更美的存在。

① 黄宗羲. 宋元学案［M］. 全祖望，补修. 北京：中华书局，1986：929.

第三章

心在哪儿？

人心与道心之别，不是体悟，而是体悟不够。因这体悟不够，故从学问上、文字上硬拗出来的，其实若从思想境界而言，心，只分你有，还是没有。

一、心非 heart，mind 之流

为什么问“心在哪儿”？而不问“什么是心”？

因为若问“什么是心”？东西南北、贤愚不肖，先不管是否真懂得，却似乎都能给个定义、有所答案。这些定义或答案，似应为《笑林广记》所摘录。

例如：

亚里士多德：“……提出了记忆在生理结构上的特定位置和生理机制的问题。他认为经验是由血液传导的，而记忆则保存在心脏（heart）中。”①

笛卡儿的二元论则提出：“人是心灵与肉体的统一，但是心灵的存在是独立于身体之外。人脑中的松果腺的腺体是心灵与身体沟通运转的桥梁。”②

黑格尔：“希腊的神不是抽象的，而是个别的、最接近人的自然形状的；基督教的神固然也有具体的人身，但是这人身是看作纯粹

---

① G. 墨菲，J. 柯瓦奇. 近代心理学历史导引（下）［M］. 林方，王景和，译. 北京：商务印书馆，2017：456.

② 笛卡儿. 笛卡儿的人类哲学［M］. 呼伦贝尔：内蒙古文化出版社，2008：72.

心灵性的，他须作为心灵而被认识，而且须在心灵中被认识。他所借以存在的基本上就是内心的知识，而不是外在的自然人体形状，用这种形状就不能把他完全表现出来，就不能按照他的概念的深度把他表现出来。”①

杜威：“人在言语中使自己深切认同某些行为和事迹；不是在连续的生活阶段，而是在同一出戏里同时扮演多种角色。这样，心灵（mind）就产生了。”②

还原主义则认为：心灵就是大脑。还原论下，心灵也可以被还原为某个器官，这个器官不是心脏，而是大脑。此外，又有机械论者，努力证明心灵是机械地工作的，就像计算机一样③。

而美国心灵哲学家唐纳德·戴维森则断定：不存在“心灵”这样的东西，但人类拥有精神属性④。

西方学界论“心”，神秘论、二元论、还原论、行为论、功能论、机械论、取消论争议得活灵活现、煞有介事。并且又涉及若干其他概念，如灵魂、意识、行为、意向、人格、情感、情绪、创见、心智，甚至还有自私、自由、机械等概念，胡乱地搅在一处，颇似一杯配制失败的鸡尾酒。

西方哲学家讨论心灵时，又常引申出其他一些奇怪的问题，例如：我们总是自私的吗？我们是自由的吗？等等。这恰是不能“一以贯之”、舍本逐末的极明显特征与表现。

“一以贯之”是种能力。

不能“一”以贯之，只好杂言以十、百、千、万，然后告诉你这十百千万都跟“一”有关。不能“一以贯之”的诡辩者啊，你去了解了一万片“叶子”又如何，不还是不懂得什么是“树”吗？

如果你参与过辩论赛，看对方辩友开始规避核心问题，不停地东拉西扯，你就明白那不是对方辩友高深又渊博，而是因为在此处要败了，所以来个齐宣王的招式：“顾左右而言他。”

---

① 黑格尔. 美学：第1卷［M］. 朱光潜，译. 北京：商务印书馆，2020：90.

② 安乐哲. 孔子与杜威［M］. 上海：上海人民出版社，2020：226.

③ 菲尔·沃什博恩. 没有标准答案的哲学问题［M］. 北京：新华出版社，2014：378.

④ 罗伯特·保罗·沃尔夫. 哲学是什么［M］. 李婷婷，聂一鸣，译. 北京：商务印书馆，2020：135.

换言之，如果单独拿出理性、精神、头脑、理解、情感、灵魂等概念，或许每个西方哲学工作者都能说得头头是道，但一旦涉及“心”的界定，则便要将 reason、spirit、mind、understanding、feeling、soul 等杂混一处，然后再揉进 breath、heart 之类滥竽充数。

鹦鹉确能言，而不离飞鸟。

上述西方哲学家的话，中国人似不必为看不懂而忧“心”忡忡，大可以“心”平气和些。因为中华思想文化中的“心”，其他文化中是没有的。

本来没有，却要硬解，在我们中国文化中有一百个成语形容：信口雌黄、故弄玄虚之类。用象山的话来讲，便是：“多只是眩惑人之说。”

> 于其端绪之知不至，悉精毕力求多于末，沟浍皆盈，涸可立待，要之其终，本末俱失。①（《与邵书谊》）

西方人除了强捏生造出来的各种“心”之界定、解释以外，还试图继续以分析、肢解之模式来“逻辑阐释”中华文化之“心”。例如：

“按照中国人的说法，心在身体中承担着太子或管理者的职责，心智（思想）即发源于此。它是‘五脏’（心、肝、脾、肺和肾）之一，表现情感。中国人认为心是才智之所，上面有一些贯穿的‘眼’或孔。人们设想，这些通道在肉体和精神健康中是畅通的。”②

这种肢解显然是将“心”与“心脏”混为一谈。

尤为好笑的是：所谓“心”上面有一些贯穿的“眼”……估计是听说中国人“心眼儿”一词，心眼儿、心眼儿，原来却是心脏上有一些贯穿的眼，大抵又可以让空气中充满“快活”的味道。

中国人指心地的心眼（他心眼好）、指见识的心眼（心眼高妙）、指气量的心眼（小心眼）、指心意的心眼（有两个心眼）、指心计的心眼（缺心眼）、指心底的心眼（打心眼里讨厌）等，在西

---

① 陆九渊. 陆九渊集［M］. 北京：中华书局，1980：2.

② C. A. S. 威廉斯. 中国艺术象征词典［M］. 李宏，徐燕霞，译. 长沙：湖南科学技术出版社，2006：124.

方人的解读下，都成为心脏上有一些贯穿的眼了。

若是将佛教“心眼无障（心察如眼见）”加入进来，西方人恐怕要“更深层次”“更学术化”地解读为“只心脏上长眼睛”了！

西方人大抵是难能懂“心”的，中国人不要被彼辈乃西洋“哲学家”“知名人士”的名头唬住，更不要被崇洋媚外的国内知识分子们带上邪路——做到能够不与这些人一般见识即可。

当然，如果能生出一股恻隐之心，即认为彼辈既不懂心，亦必然无心，相当可怜，从而对他们保持适当的悲悯与同情，就更恰当了。

由于其他文化体系没有“心”，所以经常用 heart 或 mind 来试图贴近与转译。

例如：休谟的《道德原则研究》，便以 mind 释心①。又有安东尼：“通过我们的头脑（mind），我们只能想象爱而不能感受爱；只有通过心（heart），我们才感受到爱。”②

在拿捏不准到底应该用 heart 还是 mind 时，西方人还可以狡猾地用“mind/heart”的复合形式来表现，例如：“The face is the index of the mind/heart.”③（面孔是心灵的标志）。

遇到中国人“问心无愧”“中心悦之”之类涉及“心”的语辞时，西方人亦可以使用各种“不明觉厉”的翻译方式。

例如：阮籍的《咏怀》诗：“感物怀殷忧，悄悄令心悲”——便被译成 A swelling heart④，看起来很像心脏病之一种。

还有聪明的翻译者感觉到，用 heart 或 mind 来表示“心”，恐怕都不太合适。于是采取的办法即是：在译文中回避“心”字，视如不见——这被称为“更加灵活的（翻译）处理方式”⑤。

由于不明“心”为何物，基本上所有的硬拗、硬译，都只能是无中生有，强不知以为知。除了将后世读者带进坑里的功能之外，就只剩下知识分子阶层自娱自乐、海市蜃楼的意义了。

---

① 休谟. 道德原则研究［M］. 曾晓平，译. 北京：商务印书馆，2017：198.

② 刘大钧.《周易》与中国文化（4）［M］. 上海：上海科学技术文献出版社，2010：1986.

③ 杨曾茂. 英语谚语荟萃［M］. 北京：金盾出版社，2003：278.

④ 吴伏生. 竹林七贤诗赋英译［M］. 格雷厄姆·哈蒂尔，编译. 北京：商务印书馆，2020：14.

⑤ 蔡力坚. 汉英翻译二十讲［M］. 北京：商务印书馆，2020：149.

二、百姓日用而不知

此不知，非不能知，而在于未思索。尤其是未思索心脏不等于“心”。象山曰：

> 其他体尽有形，惟心无形。①（《语录下》）

中国老百姓日常生活、应用中关于“心”的俗语：

“路遥知马力，日久见人心”；“一心不可二用”；“人心不足蛇吞象”；“为人不做亏心事，不怕三更鬼敲门”；“眼不见，心不烦”；“不到黄河心不死”；“为人一世，天地良心”；“财帛动人心”；“画龙画虎难画骨，知人知面不知心”；等等。

民间日常生活、应用中关于“心”的成语：

“心旷神怡”“三心二意”“一心一意”“心直口快”“万众一心”“口是心非”“赏心悦目”“别出心裁”“提心吊胆”“问心无愧”“野心勃勃”“居心叵测”“漫不经心”“语重心长”“铁石心肠”“心满意足”“处心积虑”“别有用心”“心广体胖”“得心应手”“心平气和”“狼心狗肺”“心领神会”“宅心仁厚”“尽心竭力”“心有灵犀”“心心相印”，等等。

如此之多的成语与俗语，可见，“心”其实与百姓日用关联极紧密、极贴近。

然而，尽管在日常生活中，常出现“摸着良心讲话”“昧着良心做事”之类评价，但这所谓“摸着良心讲话”，极容易变成手放胸口，摸着心脏部位，以表虔诚或恳切。

甚至发展成为人们在面对升国旗或宣誓言之际的“抚心礼”（抚胸礼），以显示尊敬或庄重。无论“摸着良心讲话”，还是“抚心礼”（抚胸礼），几乎绝少有人会以左手摸向右胸口，基本上都是右手摸向左胸口，因为心脏在左。

左胸啊，心脏啊，承担了它本不应承担的重任。

---

① 陆九渊．陆九渊集［M］．钟哲，点校．北京：中华书局，1980：448.

前文已述，心脏或 heart 之流，并非“心”。而民间日常生活中对于“心”的应用，非常普遍，百姓多能脱口而出。但是由于未加以思索，常常不知“心”在何处。

孟子曰：“心之官则思”，未思之，则多为失“心”、无“心”，此即“心不在焉”。

“心不在”，便易在日常生活之中，体现为“有口无心”或“无心之过”……

三、象山上接孟子

（一）孟子：　心性开山

若欲知“心何在？”“心如何在？”“如何能使心在？”等问题的答案，要归溯至儒家心性开山孟子。

所谓开山，即第一个。第一个将“心”作为命题，将心、性二者产生关联，并将心、性二者之间关系阐述清晰的人，是孟子。

孔子曾经讲过心，《论语》中提及“心”者六处。在描述得意弟子颜回时曾说：“其心三月不违仁”（《论语·雍也》）；在描述自己生平时曾说：“七十而从心所欲，不逾矩。”①（《论语·为政》）

孔门弟子子贡曾说：“夫子之文章，可得而闻也；夫子之言性与天道，不可得而闻也。”（《论语·公冶长》）可见孔子基本上不讨论“性”。唯一一次提及“性”的是：“性相近也，习相远也。”（《论语·阳货》）

至于民间耳熟能详的“食色性也”，常常被安在孔子头上，其实并非孔子所言，而是《孟子》之中记载的告子所说。

关于孟子将“心”作为命题，如：

“君子所以异于人者，以其存心也，君子以仁存心。”（《孟子·离娄下》）

“仁、义、礼、智根于心。”“尽其心者，知其性也。知其性，则知天矣。”“存其心，养其性，所以事天也。”“尧舜，性之也。”

---

① 杨伯峻. 论语译注［M］. 北京：中华书局，2005：13.

（《孟子·尽心上》）

“仁，人心也。”“心之官则思，思则得之，不思则不得也。”“操则存，舍则亡，出入无时，莫知其乡，惟心之谓与！”（《孟子·告子上》）

（二）《孟子》对象山最重要的一段话

詹之南从象山问学。

> 子南尝问：“先生之学亦有所受乎？”

象山答曰：

> “因读孟子而自得之于心也。”①

此即为象山学问之根本来由。

象山心学之“心”，与“先立乎其大者”，皆来自《孟子·告子上》中的一段：

> 耳目之官不思，而蔽于物。物交物，则引之而已矣。心之官则思，思则得之，不思则不得也。此天之所与我者，先立乎其大者，则其小者弗能夺也。此为大人而已矣。②

此段的“心”“先立乎其大者”“天之所与我者”“大人”等关键节点，象山都曾在与友朋、门人弟子的书信往来或交谈中反复谈及。

象山自述曰：

> 近有议吾者云：除了“先立乎其大者”一句，全无伎俩。吾闻之曰：“诚然。”③

背后议论象山除了“先立乎其大者”之外，“全无伎俩”者，

---

① 陆九渊. 陆九渊集［M］. 钟哲，点校. 北京：中华书局，1980：498.

② 杨伯峻. 孟子译注［M］. 北京：中华书局，2016：298.

③ 同①：400.

正是“下士闻道，大笑之”的表征。下士者，入宝山而空手归，以其蒙昧也。而象山的“诚然”，恰是自信、自负、自许之处：

“窃不自揆，区区之学，自谓孟子之后至是而始一明也。”①

(三)“思则得之”的“之”

对于后学而言，除了“先立乎其大”之外，其实还有一处极为关键的节点，即“思则得之”的“之”。

这个“之”，以往并未引起更多重视。历代注疏家的关注点多在“此”“比”之别，“大”“小”之别，从而对“思则得之”有所忽略。

如认为《孟子》旧官本无“此”字，而是“比”字，取比方之意；“大”者指心，“小”者指耳目②；等等。概因注疏家的关注点与思想家有所不同。

理学家如朱子，所谓：“凡事物之来，心得其职，则得其理。”③此则将“思则得之”的“之”，诠释为“心之职”或“理”，亦存有偏颇，此后宋元理学家多做此解。

其弊有三：

第一，由于理学家以理为本，故强以“理”解“心”。

第二，心得其职，不必在“凡事物之来”之际，这与“此天之所与我者”矛盾。若认可“此天之所与我者”，则事物来与不来，皆不影响心得其职。

所谓心得其职，在于天，不在于事物来与不来。换句话说，有事物应接之际，心得其职；无事物之际，心仍然得其职。

第三，既然在于天，而非在于事物，那么，将结论定为“则得其（事物）理”即显然存有偏颇（而若将“则得其理”之“其”，解为“心”，则得“心理”，更是大谬）。

所谓“心之官则思，思则得之，不思则不得也”，此“思则得

① 陆九渊. 陆九渊集［M］. 钟哲，点校. 北京：中华书局，1980：134.

② 焦循. 孟子正义［M］. 北京：中华书局，1987：794.

③ 朱熹. 四书章句集注［M］. 北京：中华书局，1983：335.

之”的“之”，即是“心”。思则得“心”，不思则不得。

此“心”虽然是天所与我者，但不思，则不得。正如人之潜力或天赋，不培育与锻炼则不得发挥。“思”，是职能，是途径，“心”则是目的。因为得了“心”，方可为“大人”。

公都子问曰：“钧是人也，或为大人，或为小人，何也？”孟子曰：“从其大体为大人，从其小体为小人。”

——思则得心，得心即可不蔽于小体（耳目之类器官），不蔽于小体，即可不因与物接触而被引向迷途，不入迷途，则不蔽于物。反之，蔽于小体、蔽于物，则为小人。

从渊蔽而必沉陷，便如宋儒范浚《心箴》所谓：“心为形役，乃兽乃禽。”①

(四)《孟子》与《大学》何者为先？

众所周知，朱子之后，《大学》《中庸》《论语》《孟子》被定为四书。但四书之地位却非并列，而是有重要性次序者。这个重要性次序，一并延及五经《诗》《书》《礼》《乐》《易》（乐经佚）。也就是说，四书五经，虽然是必读之书，但不同之学者，其所侧重，必有不同。

以哪个为本经，即是思想家之学问、入门、进路、标的不同之初始根由。如孟子以《诗》入，荀子以《礼》入，故同为儒家大宗，但为学、立论并不相同。

章太炎《诸子流别》中曾指出：“荀子隆礼乐而杀《诗》《书》。孟子则长于《诗》《书》”“孟子长于《诗》《书》，而不长于《礼》”② 等。

同样，象山与朱子之分别，亦可由何为二者之本经，略见端倪。

朱子云：“《大学》是为学纲目。立定纲领，其他经皆杂说在里许。”又云：“通得《大学》了，去看他经，方见得此是格物、致知事；此是正心、诚意事；此是修身事；此是齐家、治国、平天下事。”

---

① 曾国藩. 经史百家杂钞（上）[M]. 上海：上海科学技术文献出版社，2020：330.

② 章太炎. 国学讲义 [M]. 北京：海潮出版社，2007：178-179.

有学生问“欲专看一书，以何为先？”朱子曰：“先读《大学》。”

除此之外，还有专论四书的重要性次序者：

“学问须以《大学》为先，次《论语》，次《孟子》，次《中庸》。”又云：“《论》《孟》《中庸》，待《大学》贯通浃洽，无可得看后方看，乃佳。”①

上述这些语录，都表明了朱子之以何书为“先”、以何书为“纲”的明确倾向。无论什么经籍与《大学》并列，皆以《大学》为先、为纲，哪怕是《论语》，也要排在《大学》之后。并由《大学》之“物格而后知至”②，进而改为朱子学体系中著名的“格物致知”，那么，断一句朱子以《大学》为本经，似不为过。

而我们看象山：

“孟子之后，至是而始一明者”“因读《孟子》而自得于心也”“因读《孟子》而自得之”——显然，象山的学问来源、进路不是《大学》，而是《孟子》。

本经不同，这也是二者之间著名的鹅湖之辩（即便不在鹅湖，在别处见面论学，亦必然发生）以及其他明显分歧之根由。

而有宋一代，“宋明儒之大宗实以《论》《孟》《中庸》《易传》为中心。”“大体以《论》《孟》《中庸》《易传》为主者，是宋明儒之大宗，而亦较合先秦儒家之本质。”③ 因此，牟宗三断案伊川、朱子一脉实则“别子为宗”，是有相当道理的。这一点亦得到了《朱子文化大典》之认可，所谓“明谓之正宗，实则是别子为宗”④。此虽与学界一贯之认定，即程朱理学为儒门正宗，截然不同，却可谓真知灼见。

由于“因读《孟子》而自得于心也”，是象山学问的根本进路，故象山实以《孟子》为主，旁摄他经，《论》《易》《中庸》等虽皆有所涉及，但不过是“一心之朗现，一心之伸展，一心之遍润”而

① 黎靖德. 朱子语类：卷十四［M］. 北京：中华书局，1986：249-252.

② 朱熹. 四书章句集注［M］. 北京：中华书局，1983：4.

③ 牟宗三. 心体与性体［M］. 上海：上海古籍出版社，1999：16-17.

④《朱子文化大典》编委会. 朱子文化大典（中）［M］. 福州：福建教育出版社，2019：192.

已。

并且，象山不自著书，其言行以继承孟子（先立乎其大、义利之辨等）、阐释孟子（心官不可旷职、见到孟子道性善处，方是道得尽等）为主，此外亦颇有独到、自得（如吾心即是宇宙、简易等），但无违乎孟子。是故，可曰象山上接孟子。

孟子曰：

> “我亦欲正人心，息邪说，距诐行，放淫辞，以承三圣者，岂好辩哉，予不得已也。”①

而象山知荆门军（即荆门之军政首领）时，有学者求问于象山先生：荆门之政何先？象山对曰：

> 必也正人心乎。②

孟子曾直接道出：“乃所愿则学孔子也”，象山《语录》中虽未有如此明确之言，但却曾明白道出：“吾之学问与诸处异者，只是在我全无杜撰。”③

全无杜撰，即不曾臆造；全无杜撰，亦必有遵循——观其所言与所行，则象山所愿，学孟子也。

四、如何有心？

（一）内求

这个“心”，并不是有父母、师长、友朋辈能帮助你得到的，亦不是向他人索取、求借便可得到的。换句话说，只能靠自己，不可假于外力，亦无法假于外力。

象山多告学者云：

---

① 杨伯峻. 孟子译注［M］. 北京：中华书局，2016：298.

② 陆九渊. 陆九渊集［M］. 钟哲，点校. 北京：中华书局，1980：425.

③ 同②：400.

> 女耳自聪，目自明，事父自能孝，事兄自能弟，本无欠阙，不必他求，在自立而已。①

此“不必他求”已经说得非常明白了。若说得再直接一点，是“无法他求”。

既然不必、无法他求，那么，向何处求？所谓“在自立而已”，即是求人不如求己。“心”之一物，不在别端，只在求己。

那么，如何求己呢？既然不可他求，亦不可外求，则求己之方向为：向“内”。又如何向内求呢？内省。

象山云：

> 孔门惟颜曾传道，他未有闻。盖颜曾从里面出来，他人外面入去。今所传者，乃子夏、子张之徒，外入之学。曾子所传，至孟子不复传矣。吾友却不理会根本，只理会文字。实大声宏，若根本壮，怕不会做文字？今吾友文字自文字，学问自学问，若此不已，岂止两段？将百碎。②

象山以颜子（不改其乐）、曾子（三省吾身）之学与子夏、子张之学做一辨别。颜子、曾子是“从里面出来”，而子夏、子张，却是“外入之学”。

怎样“从里面出来”呢？“心”之一物，并非按照所谓学术范式，先确定一个定义，然后对这定义进行理解，再依照这定义与理解，去琢磨出一个样式，然后将这样式置于己身——这种方式是生不出“心”的，只能生出各种照猫画虎的胡言乱语。此即是外求、他求。

换种说法，按照西学模式，由定义而判断，由判断而分析，由分析而理解……这样的进路，即是孟子所非之“义袭而取”，即是外入，是无法有“心”的。

象山云：

① 陆九渊. 陆九渊集［M］. 钟哲，点校. 北京：中华书局，1980：399.

② 同①：443.

人心有消杀不得处，便是私意，便去引文牵义，牵枝引蔓，牵今引古，为证为靠。①

无力内求，所以向外去“引文牵义，牵枝引蔓”，即便把六经倒背如流，亦不过是口舌之技、辞章之艺、笔墨之戏罢了。

所谓“从里面出来”，是指“心”须自我生成。

这“自我生成”，不是将“自我”当作一个西语单词（ego 或 self）去理解（新文化运动之后的现代汉语，许多都被西方字母语言篡改了内涵），不是西方哲学里所谓与什么“本我”“他我”“超我”作区分的那个概念，而是一个动作，须用中国语言的方式去读（不是一个合成词，而是两个字），即“自→我”。

象山曾作譬喻：

某平日与兄说话，从天而下，从肝肺中流出，是自家有底物事，何尝硬把捉。

所有的外求、他求，皆属于“硬把捉”。上述所谓定义—判断—分析—理解，即属于“硬把捉”。我们还可以从象山的日常言语中，体会一下自我生成与硬把捉的分别。象山云：

“养而无害，则塞于天地之间”“是集义所生者，非义袭而取之也”，盖孟子当时与告子说。告子之意，“不得于言，勿求于心”，是外面硬把捉底。②

晓得了不能“硬把捉”，并非“义袭而取之也”，则可以体会“自我生成”之意。而这自我生成之“心”，是无法自欺的，有便有，没有便是没有。

象山云：

自欺是欺其心，慎独即不自欺。③

---

① 陆九渊. 陆九渊集［M］. 钟哲，点校. 北京：中华书局，1980：489.

② 同①：443.

③ 同①：418.

不自欺，可曰诚。不自欺，方可成。生成了内心，便可达到象山所言之一种境界：

一是即皆是，一明即皆明。①

《中庸》有言："诚者，自成也，而道自道也"，又，"如此者，不见而章，不动而变，无为而成。天地之道，可一言而尽也"②。

另外，还有一层需要体会，俗语常说："内心不安""发自内心"等等——此"内"，或在常人身体之中。但是，除了"心"以外，中国语言词汇里，却不会将"内"与其他身体内部器官相关联，也就是说，中国人并不会去说"内肝""内脾""内肺""内肾"。

象山言：

万物森然于方寸之间，满心而发，充塞宇宙，无非此理。孟子就四端上指示人，岂是人心只有这四端而已？又就乍见孺子入井皆有怵惕恻隐之心一端指示人，又得此心昭然，但能充此心足矣。乃诵："诚者，自诚也，而道自道也。诚者物之终始，天地之道，可一言而尽也。"③

（二）自立：不泊着事，不附于物

所谓"自立"，与上一小节之"内求"，其实是一而二，二而一的事。

《语录》有载象山与弟子问答：

伯敏云："先生尝语以求放心、立志，皆历历可记。"先生云："如今正是放其心而不知求也，若果能立，如何到这般田地？"伯敏云："如何立？"先生云："立是你立，却问我如何立？若立得住，何须把捉？吾友分明是先曾知此理来，后更异

① 陆九渊. 陆九渊集［M］. 钟哲，点校. 北京：中华书局，1980：469.

② 朱熹. 四书章句集注［M］. 北京：中华书局，1983：34.

③ 陆九渊. 陆九渊集：卷十二［M］. 钟哲，点校. 北京：中华书局，1980：423.

端坏了。”①

“若果能立，如何到这般田地?” “立是你立，却问我如何立?”——这两句反问，已经说得再明白、晓畅不过了。

欲“自立”，而求问于人，正是他求、外求，而非“内求”。欲“自立”，而假求于外，正是孟子所言：“是集义所生者，非义袭而取之也”②。欲“自立”，而假求于外，恰恰是未明此“心”何在。

所谓“自立”，除了一层“立”之含义外，尚有一层“不泊着事”或“不附于物”之义，是为“自”。与“反求诸己”并不矛盾，可以视为延展开来、让初学者更易懂得的对比。

象山云：

> 君子役物，小人役于物。夫权皆在我，若在物，即为物役矣。③

“夫权皆在我”，至关重要，是关于“自”最通俗易懂之注脚。

自身，是外在所有事、所有物之主宰，而非反之。之所以要谈及“所有的”物（物役之物，为虚指，并非实物之物），是对于“心”而言，除了普通人所认知的动物、植物或利益、物质之外，即便是父母、师长、友朋等，其实亦属于“外物”。自作主宰，便不可依傍父母、师长、友朋等。若不得自作主宰，有摇摆、有疑惑、有求解等，便是为物役矣。

还有，普通人平常因何而思量?多由事触发而起。但自立之“心”，却“不可泊着于事”，否则，便不是“自”立，而是因“事”乃立。

象山云：

> 人心只爱去泊着事，教他弃事时，如鹘孙失了树，更无住处。

① 陆九渊. 陆九渊集：卷十二［M］. 钟哲，点校. 北京：中华书局，1980：443.

② 杨伯峻. 孟子译注［M］. 北京：中华书局，2016：66.

③ 陆九渊. 陆九渊集［M］. 钟哲，点校. 北京：中华书局，1980：464.

人不肯心闲无事，居天下之广居，须要去逐外，着一事、印一说，方有精神。

今人略有些气焰者，多只是附物，元非自立也。

心不可汩一事，只自立心。人心本来无事，胡乱被事物牵将去。若是有精神，即时便出便好。若一向去，便坏了。①

孟子曰："心之官则思"，这"思"，其实是常备，而不间断的。那种隔了半天一天忽然想起来"思"一下，其实不能叫"思"，只好叫作"念头"。

普通人日常并不随时随地有思，基本上是有"事"发生，才因"事"起念。即由于"事"出现，才有所思索、思量，这种思量，是无法且难以"一以贯之"的。

现实生活中，经常出现同一个人，对待不同事件，出现所谓"双标（不同的标准与要求）"的时候，例如：看到西洋人跪拜耶稣，视为有信仰；看到中国人跪拜祖宗，便不视为有信仰，而是蔑之为封建迷信；又例如：待人与待己，并非同一标准，甚至严以待人，宽以律己；等等——这些就是难以"一以贯之"的外在表现。

概无事时不思，因事而起思，此"思"常随环境、际遇、不同参与者、不同时间段、不同场合、不同情绪状态等产生变化。这便不是自心做主宰，而是随机生变，颇受外物所影响了。此即非"权皆在我"，而是"权在外物、我为外物之奴仆"。

而此种日常生活中不曾随思、因事而起之状态，若逢无事之际，便无"心"了。人之"心"，本应常备常在，而不应时有时无。与象山同时期的朱子有句话说得好："若无事物时，不成须去求个事物来理会。且无事之时，要你做什么？"②

人之"心"，本应常备常在，即不可须臾离。

因此，象山云：

① 陆九渊. 陆九渊集［M］. 钟哲，点校. 北京：中华书局，1980：456.

② 黎靖德. 朱子语类：卷十二［M］. 北京：中华书局，1986：212.

要须知道“不可须臾离”乃可。①

怎样“不可须臾离”呢？先须做到小心翼翼（现代汉语中，小心翼翼为疏忽大意之反义词。古语小心者，畏忌义；翼翼者，恭敬谨慎貌；小心翼翼，为虔敬之义）。用宋朝时流行的话讲，便是“常惺惺”法。象山云：

无事时，不可忘小心翼翼。②

小心翼翼还只是初步，真正要自得于心的话，最重要的是涵养、常常涵养、时时刻刻涵养。象山云：

既知自立，此心无事时，须要涵养，不可便去理会事。

人精神在外，至死也劳攘，须收拾作主宰。收得精神在内时，当恻隐即恻隐，当羞恶即羞恶，谁欺得你？谁瞒得你？见得端的后，常涵养，是甚次第！③

或问：什么是涵养呢？又用什么涵养呢？曰“善”——可与孟子所曰“浩然”互参（后详）。

象山云：

孟子出于子思，则是涵养成就者，故曰“是集义所生者”，集义只是积善。

惟精、惟一，须要如此涵养。④

那么，涵养到何种程度呢？当造次必于是，颠沛必于是。象山云：

若能无懈怠，暗室屋漏亦如此，造次必于是，颠沛必于是，

① 陆九渊. 陆九渊集［M］. 钟哲，点校. 北京：中华书局，1980：446.

② 同①：455.

③ 同①：454.

④ 同①：455.

何患不成？

当造次必于是，颠沛必于是。凡动容周旋、应事接物、读书考古、或动或静，莫不在时。①

而所谓“动容周旋、应事接物、读书考古、或动或静”等，都是在心能“自立”的情况下，随意应对，一正即皆正。

正是因为已经达到此种境界，所以，象山可以自信地讲：

今人略有些气焰者，多只是附物，元非自立也。若某则不识一个字，亦须还我堂堂地做个人。②

此“心”，是相配于“人”的。与知识无关。

若再多解释一句，即心，不是你成为世俗所谓政治家、科学家或文学家之类便可自动拥有的。“心”，可不会只敬罗裳不敬人，反而，心，不敬罗裳，只敬“人”！

当然，并不是所有直立行走的人类都是“人”——孟郊《择友》诗中：“今人表似人，兽心安可测”——小人、歹人、伪人、披着衣冠的禽兽之类在所多有，这是另一个问题，于此不赘。

（三）进路是存养，而非检敛

所谓“存养”，与上一小节之“涵养”基本同义。源自孟子之“存其心，养其性，所以事天也”③（《孟子·尽心上》）。

关于这一点，象山最重要的一句话是：

存养是主人，检敛是奴仆。④

《语录》中亦有别注：“家兄所闻，考索是奴仆”。不如“检敛是奴仆”振聋发聩。

① 陆九渊. 陆九渊集［M］. 钟哲，点校. 北京：中华书局，1980：474.

② 同①：447.

③ 杨伯峻. 孟子译注［M］. 北京：中华书局，2016：334.

④ 同①：450.

或可能是象山于不同语境、与不同人语。“检敛”相对于“考索”，更高一层。对于学者而言，先须“考索”，按图索骥，然后方知如何“检敛”；对于常人而言，先须晓得了学者之“考索”结果，绳趋尺步，然后方知如何“检敛”。此皆奴仆状也。

“存养是主人，检敛是奴仆。”——是象山心学的线头。拈起线头，抽丝剥茧，可得真谛。

所谓“存养是主人，检敛是奴仆”，不是说“存养”是“检敛”的主人，“检敛”是“存养”的奴仆。此句的真正意思，是“存养是做主人”“检敛是做奴仆”。再说得通俗些，“存养是做自己的主人”“检敛是让自己做了检敛的奴仆”。

“存养”与“检敛”是相对的两种修行进路。懂得“心”需要“存养”者，是“内求”“自立”者，是有“心”的，此“心”非外铄也，自生自成之，所谓“自作主宰”，然后方知：“一是即皆是，一明即皆明。”

不甚懂得“心”须“存养”者，是“外求”“非自立”者，其实是无“心”的。因为无“心”，便要去外铄，以图由外在规矩从而描摹出个“仿心”之物。不能自生自成之，便做不到“自作主宰”，更没法去晓得“一是即皆是，一明即皆明”——因此看到“一明即皆明”这种话，便会想当然地认为“我都想不通、我都做不到，你必是胡扯”……

“其他体尽有形，惟心无形”，因为心体无形，从而茫然不知措手，便试图以外在的、有形的东西（如规矩、形貌、仪态、考索、制度、知识等）来表现或形成一个仿佛“有心”的样子，这便是前文所述“硬把捉”（可与象山所言：“告子之意，‘不得于言，勿求于心’，是外面硬把捉底”互为参详）。此非“真”心，实乃仿真之心，故曰“仿心”。

打一譬喻：存养是礼义，则检敛是法律。礼义以内生，法律为外缚。

法律有无数条文与规定，来约束人们不要为恶，否则必受惩罚。即便将法律这无数条文与规定都记诵了下来，并且毫无违背地去执行、去遵守，亦不可能让人生出礼义。不止生不出礼之义，甚至连

“法之义”都未必能生成。通常人们以为法律代表着刑罚，却难知法之义，实为“去刑”“无刑”。

因此，象山云：

> 告子不动心，是操持坚执做，孟子不动心，是明道之力。①

孟子与告子的区别，即是“存养”与“检敛”的区别，亦是“内生”与“外求”之别。“外求”者，泥于言辞、章句、定义、知识、考索、检敛等，虽百般收束，亦难以明道。而“内生”者，一明即皆明。岂不闻阳明：“亦复何言?”

《语录》载：

> 伯敏云：“伯敏于此心，能刚制其非，只是持之不久耳。”先生云：“只刚制于外，而不内思其本，涵养之功不至。若得心下明白正当，何须刚制?且如在此说话，使忽有美色在前，老兄必无悦色之心。若心常似如今，何须刚制?”②

有弟子能刚制其非，但是难以持久。象山答复：若得心下明白正当，何须刚制?此“刚制”者，即“检敛”也。在小程子、朱子之一脉，即“敬”也。

钱穆曾解读朱子“敬”之含义：一曰敬略如畏字相似；二曰敬是收敛；三曰敬是随事专一；四曰须随事检点；五曰常惺惺法；六曰整齐严肃③。象山与朱子之差异，心学与理学之差异，从此处便可以看得很分明，几乎大略相反。

所谓“与畏相似”，“畏”——如何去“权皆在我”“自作主宰”?所谓“收敛”——象山直言“检敛是奴仆”；所谓随事专一、所谓随事检点等，象山却要“不泊着事”与“不附于物”……刚制、收敛、随事等，几乎皆是象山所反对的。

作一简单譬喻：朱子理学一脉，仿佛外练少林七十二绝技，拳、

① 陆九渊. 陆九渊集［M］. 钟哲，点校. 北京：中华书局，1980：422.

② 同①：438.

③ 钱穆. 朱子新学案［M］. 成都：巴蜀书社，1986：568-582.

脚、指、掌、棍、杖等外功皆有所修，一板一眼，最终融会贯通，以成宗师。而象山心学一脉，则仿佛内练易筋经，此经修成，则拳、脚、指、掌、棍、杖等，一通而百通，皆可信手拈来。

因此象山云：

> 我治其大而不治其小，一正则百正。①

在象山看来，朱子理学一脉，融会贯通或可成宗师，若未融会贯通，则练拳者，为拳之奴仆，练杖者，为杖之奴仆，遍练七十二技，则为七十二技之奴仆。盖练拳者、练杖者等，其成就必倚其拳、杖，若离拳、杖，便将茫然无所措，非“内求”“自立”尔。俗语所谓“练拳不练功，到老一场空”——这功，指“内”功。

《语录》载：

> 缪文子资质亦费力，慕外尤殢，每见他退去，一似不能脱罗网者。天之所以予我者，至大、至刚、至直、至平、至公，如此私小做甚底人？须是放教此心，公平正直。②

缪文子“慕外尤殢，每见他退去”，此“慕外”“退去”与前文伯敏“能刚制其非，只是持之不久耳”差堪近似。“刚制”难持之际，便是“退去”之时。而象山要人思量：“天之所以予我者”——非外铄也；“须是放教此心”，自然“公平正直”。

所谓“公平正直”，只是“善”之拆解而已。

（四）存养之方法：复明、常在、专心、扩充

首先，要发明本心。

什么是本？人所本来的、自有的，不是向外寻求，不是倚靠外物。说难就难，说易便易。

象山云：

---

① 陆九渊. 陆九渊集［M］. 钟哲，点校. 北京：中华书局，1980：451.

② 同①：441.

知非则本心即复。①

为何“知非则本心即复”?

其实象山此语亦微有不安，应以“知是则本心即复”为安。

“知是”者，必“知非”——那些与“是”不同、相偏离、相悖反者，或过或不及者，为“非”。

而“知非”者，必“知是”乎?却未必。有些人晓得错了，却未必晓得错在哪里与错之因由，更未必晓得为何知过能改，是“善”莫大焉。

前文曾述，象山幼时读《论语》学而篇有子三章，而生疑。此“疑”，即是起点。又，象山八岁闻伊川语，则“近见其间多有不是处”“自觉若伤我者”，这多有不是、自觉若伤，便是“知非”，然而，此时的象山尚未“知是”。

要到十三岁“宇宙便是吾心，吾心即是宇宙”之际，方才“知是”。

又，象山之兄陆九龄，得一诗云:

提孩知爱长知钦，古圣相传只此心。
大抵有基方筑室，未闻无址忽成岑。
留情传注翻榛塞，著意精微转陆沉。
珍重友朋勤切琢，须知至乐在于今。

象山评价为:“诗甚佳，但第二句微有未安。”——这“微有未安”，其实便是“知非”。要到象山后来咏出“斯人千古不磨心”，方为“知是”。

那么，为何“知是则本心即复”?当思孟子:“是非之心，智之端也。”

此“是非之心”，与“仁义之心”“羞恶之心”“恻隐之心”合为四端也②(《孟子·公孙丑上》)。此四端虽由天之所予我，非外铄也，但却会为“物役”所遮蔽，使“人”成为“非人”“伪人”

① 陆九渊. 陆九渊集［M］. 钟哲，点校. 北京：中华书局，1980：454.
② 杨伯峻. 孟子译注［M］. 北京：中华书局，2016：84.

“歹人”“类人”或“小人”。

而若使“是非之心”“仁义之心”“羞恶之心”“恻隐之心”重明，则复得为“人”。这便是“知是则本心即复”之“复”。亦是发明本心中，发是生发、明是复明之义。

其次，要使本心常在——心是常在，却不是“偶然”。

发明了本心，但时有时无却不行。比如：日常见残疾劳作者而生恻隐之心，但若是事务繁忙，见残疾劳作者便一眼扫过，自觉顾不上恻隐了；又比如：见他人于地铁上蔑视、侮辱农民工，则于网络上发不平之鸣，但若农民工与自己相邻而坐，则有掩鼻之叹，便是“时无”。

有“心”，为人；无“心”，非人，时有时无，尚不可谓之“人”。前文已述：“造次必于是，颠沛必于是。”

故象山云：

> 心官不可旷职。
>
> 要须知道“不可须臾离”乃可。①

心官不可旷职、不可须臾离——谓此心常在、常安。而不是此“心”有时而无。若闲暇时有，繁忙时无；利我时有，不利我时无；从众时有，慎独时无；光天化日时有，暗室时无——此则尚不可谓有“心”也，亦无法“存养”。

再次，要专心。

《语录》载：

> 伯敏云：“每读书，始者心甚专，三五遍后，往往心不在此。知其如此，必欲使心在书上，则又别生一心。卒之方寸扰扰。”先生云：“此是听某言不入，若听得入，自无此患。某之言打做一处，吾友贰三其心了。如今读书，且平平读，未晓处且放过，不必太殢。”②

---

① 陆九渊. 陆九渊集［M］. 钟哲，点校. 北京：中华书局，1980：446.

② 同①：441.

这一段虽然是说读书，但“贰三其心”之弊，不仅仅限于读书，凡动容周旋、应事接物、读书考古、或动或静，莫不如此。

我国古代文献中常有“贰心”一语，“不敢贰心”“贰心当诛”等，所谓“贰心”，不忠于，导致所起之“异心”也——即与本心相异之伪心。

所谓“万人异心，则无一人之用”“今结为异姓兄弟……如有异心，天神共鉴”等。此“贰心”“异心”，在中国文化中，基本皆处于贬义。《诗·大雅·大明》所谓：“上帝临女，无贰尔心”① 是也。

所谓“贰”，所谓“异”，以其不“忠”不“专”耳。不“专”，则遇事必摇摆不定，遇鱼与熊掌，必取舍为难——此伪心若遇“是非”，必进退维谷矣。而常人一旦到达进退维谷的地步，基本上少有人能挣脱出来，必退（先立其大，则不会有进退维谷）。

因此，象山云：

> 当大利害处，未免摇动此心。②

专一此心，不杂乱，方能不为富贵、患难、贫贱、威武所动摇，是为大丈夫。而“当大利害处”，一旦陷入进退维谷之境，多数便会“良心泯灭”。

一般要到咽气前那一刻，才会“天良发现”，综观历史上汉奸或奸臣、贰臣辈即可知。而文天祥之所以为国人赞叹、景仰、传颂，恰是当大利害处，亦能不摇动此心。

象山云：

> 惟精、惟一，须要如此涵养。③

最后，是扩而充之。

象山云：

---

① 向熹. 诗经译注［M］. 北京：商务印书馆，2013：386.

② 陆九渊. 陆九渊集［M］. 钟哲，点校. 北京：中华书局，1980：433.

③ 同②：455.

磨礲锻炼，方得此理明，如川之增，如木之茂，自然日进无已。今吾友死守定，如何会为所当为。①

所谓“如川之增，如木之茂，自然日进无已”，其实是《孟子·公孙丑上》中“凡有四端于我者，知皆扩而充之矣，若火之始然，泉之始达”之义。

火始燃，而燎原不止；泉始达，而汇海无休。孟子语“火”“泉”，象山语“川”“木”，不过是譬喻不同，实则皆为对后人的启发、启迪而已。

火燃泉达，并不停滞者，便是“扩充”；川增木茂，并不窒碍者，便是“日进”。

象山云：

“孟子就四端上指示人，岂是人心只有这四端而已？又就乍见孺子入井皆有怵惕恻隐之心一端指示人，又得此心昭然，但能充此心足矣。”②

象山认为，孟子虽就“四端”上指示人，是此四端易引人感之触之，此四端，其实从哪一端开始领会都可以，只要能得一路而进，便可明心。

明心之后，便知人心广大，又非只“四”端而已，火燃泉达，川增木茂，扩充者，日进者，便是“但能充此心足矣”。

内在的扩充，是“充善”，亦可谓“明德”。外在的恒守，便是“积善”“积德”，岂不闻《易传》中“积善之家，必有余庆”乎？

这外在的恒守，便是“《恒》，德之固也”。因为若不能恒守，虽一时明德，但为人欲所蒙蔽，必有时而昏，久而易迷之失之，因此，恒乃德之固。而积善积德，善则因日积，而宽裕，故曰“《益》，德之裕也”。

再者，这内在的扩充，与外面的恒守，并非不相干的两事，而

① 陆九渊. 陆九渊集［M］. 钟哲，点校. 北京：中华书局，1980：443.

② 同①：423.

是一而二、二而一的一事。内不充，则外难积。例如：内不扩充，只知乍见孺子入井而生恻隐之心，便每日都在井边等着吗？反之，若外不积，则内亦难充，若谓心存善而不能行，则非真知真明也。

此章上言者四：曰复明、曰常在、曰专心、曰扩充，便是心学存养之法。

(五)《大学》“止于至善” 同理

《大学》开篇曰“明明德”，曰“亲民”，曰“在止于至善”。

朱子谓“止者，必至于是而不迁之意”①，大体不错，只是略略有些生硬、隔膜，从文字训诂角度没问题，于义理则略失一些“自家体贴出来”。

为何说是文字训诂而略失体贴呢？

一是朱子将“至善”，解为“事理当然之极也”，这是以自身的学问素养与理学家身份进行的强解，“事理”二字并不熨帖。“至善”，并不是一个悬空在某处等着人去靠近、去拥抱、去服从的“事理”。

二是所谓“不迁”，不迁，即长“居”于此。“至于是而不迁”虽然很好，但最终仍将“自己”与“至善”分为二——以“己”为游子，而以“至善”为家园，此虽“不迁”，仍非一。

那么，什么是“在止于至善”？其实就是“发明本心”。

“本心”是什么？此天之所以予我者——非外铄也。但由于人役于物，为人欲所蔽，故久而失之。

因此，需要先立其大，以使心“复明”。此心“复明”，则“一是即皆是，一明即皆明”。

虽然心可“复明”，但若不能以“恒，德之固”守之，因物欲多有，仍然会再迷再失。故须“存养”，使心常在而不失。此即“心官不可旷职”“不可须臾离”也。

若能使“心”常在，从不旷职，便是“止于善”。

若能心无斑痕、无瑕疵、无私意、无匿隐（有这些，哪怕很少，亦不是百分之百，不是“明明德”，而是有“暗”）——仰不愧于

① 朱熹. 四书章句集注［M］. 上海：上海古籍出版社，2002：3.

天，俯不怍于地，圆满自在，阳明所谓“此心光明（而不是此心百分之九十五光明）”，完全剔透，便是“止于至善”。

所谓“止”者，非不迁也，乃无过无不及也。

止，是告诉你不要“过”，亦不要“不及”，此为既不过亦非不及之中庸，何谓中？无过无不及。何谓庸？常人皆可行，每个人都能做，是为庸。“至”不是高高在上的、常人所触摸不及的什么最高处、最顶点，而是恰到好处，增一分则肥，减一分则瘦，即为“至”。

“至”，既难又易。

就像厨子，可以把菜炒得既不生也不老。日常生活中炒菜既不生也不老，火候正好——说难，对有些人可能很难，说易，对有些人来讲很容易。炒菜只是日常技能？岂不闻“道在日用”与“技近乎道”？

再说一遍，什么是“在止于至善”？其实就是“发明本心”。

通俗地讲，“至”，并非要求你去“会当凌绝顶”，而是在未来的千百种可能里，去选择做那个恰到好处的“自己”。

“发明本心”，便不可能是小人、歹人、伪人、非人、衣冠禽兽，否则你根本就不可能有“心”。发明本心，立地便是堂堂正正的“人”。此“心”俯仰无愧，剔透自在，主宰在我，便是“至善”。

此时此境，所谓“至善”，就是此“人”。

而不是一处彼岸的精神家园，亦不是悬空在某处的仿佛充满逻辑的概念、事理，更不是什么遥不可及的“神秘莫测”存在。

子曰：“仁远乎哉？我欲仁，斯仁至矣。”仁，即人。

第四章

象山与朱子、明道、横渠、阳明异同

象山与朱子、明道、横渠、阳明五人，所同之处，在同为求道者，同求圣人之道。所异之处，根柢在于悟性不同。悟性不同，则体会便不同。于是导致大方向是一致的，但是每个人的进路却有相异之处。

以知识渊博论，朱子第一。以悟性高下论，象山为首。象山自得、自成、自道，不倚师友载籍①。

象山与朱子曾相会论学，与明道、横渠、阳明则未得相见。因此，我们从朱陆之会说起，再向前涉及横渠之“心统性情”、明道之“其心至今在”，向后再引至阳明“无善无恶心之体”之四句教。

一、鹅湖之会

（一）朱、吕寒泉

在朱、陆鹅湖相会之前，朱、吕先行聚首。

淳熙二年（1175年）四月初一，“婺学”代表人物吕祖谦从浙江东阳来访朱子，闽学领袖朱子携弟子们从福建建阳崇泰里寒泉坞前迎至五夫（福建武夷山东南）相见，以示尊重之意。按吕祖谦《入闽录》所记，二人相偕游玩了五天，然后回返寒泉，相与论学。此次相会历时一个半月，史称“寒泉之会”。

吕祖谦者，少年时即有豪才，藐视斯世。其少年时性子卞急，

① 陆九渊. 陆九渊集［M］. 钟哲，点校. 北京：中华书局，1980：452.

后于病中读《论语》，至“躬自厚而薄责于人”一句，心下有省——得此句之益，从而终身无暴怒，堪称谦谦君子也。

《宋元学案》评价为：“小东莱之学，平心易气，不欲逞口舌与诸公角，大约在陶铸同类以渐化其偏，宰相之量也。”①了不起，学问本就不是用来彰显、炫耀予人观看者，而是变化气质、体贴内省、修身以俟之、所以立命也。

从气量、克己、谦逊之修养观之，祖谦似在朱、陆二子之上。反之，从“择善固执之”角度，其所创“婺学”，不如象山“心学”、朱子“理学”之卓然壁立，亦可知。

吕祖谦之学，习于家庭，又师从林之奇、汪应辰、胡宪，后博综众家所长，所谓“博诸四方师友之所讲”。其成也博综，其弱也博综。

大约 29 岁时，吕祖谦于浙江金华创办丽泽书院，为南宋四大书院之一。《丽泽讲义》有曰：“‘逊’字是入道之门”（《宋元学案·丽泽讲义补》），终不负其名字中的“谦”字。

史书、学案之评价吕祖谦“平心易气”“心平气和”，是仁人君子之心，显于貌也。

在朱、吕寒泉相会的过程中，吕祖谦配合朱子，以辅助者身份，历时近月，完成了著名的“精见圣贤梗概”的《近思录》②的编纂。

在编纂《近思录》的过程中，吕祖谦与朱子共审前贤理学著述，有较深入的探讨与交流。在此辅助编纂的过程中，对朱子的认同度或多或少有所提高。

《近思录》分十四卷，分别为太极道体、为学、格物穷理、存养、克己、齐家、出处、治国天下、制度、君子处事、教学、警戒、异端、圣贤气象等。

在吕祖谦所作《近思录后序》中，或许受朱子之影响，他明确赞成的是：“循是而进，自卑升高，自近及远，庶几不失纂集之指。”明确反对的是：“若乃厌卑近而骛高远，躐等陵节流于空虚，迄无所依据，则岂所谓近思者耶？览者宜详之。”

---

① 黄宗羲. 宋元学案［M］. 全祖望，补修. 北京：中华书局，1986：1652.

② 朱熹，吕祖谦. 近思录［M］. 北京：光明日报出版社，2016.

此虽为拳拳教人之心，对于后生小子求学必有进益，但对于寒泉之后接踵而至的鹅湖之会来讲，尤其对象山来讲，却不免有些“先入为主”的弊端。

因为作为鹅湖之会主持人的吕祖谦，已经先入为主地形成“自卑升高、自近及远”的认识路径，与象山“先立乎其大”的心学路径截然相反。

而吕祖谦所反对的“无所依据”——这章章、节节、处处之“依据”，其实在象山心学看来，皆是枝叶，不是主干、不是根本。

换句话说，朱、吕二人在编纂《近思录》时，显以朱子为主，吕祖谦为次。在此编纂过程中，作为辅助者的吕祖谦，至少在近期，思维是以朱子理学体系为主运转的，或者说不免大受朱子理学体系影响。

或亦因此，对于之后的鹅湖之会，吕祖谦会评价象山：“子静亦坚实有力，但欠开阔”① ——此时的吕祖谦，恐怕是以为多读书、多下功夫、自卑升高、由近及远，即视野开阔——也即他自己“博综众家所长”的那个“博综”。

此种自卑升高、由近及远的入学之法，对于懵懂蒙昧之后生小子而言，是正确的，但对于已然孤峰卓立的象山而言，却是小觑了。

对于懵懂蒙昧之后生小子而言，尚未得见枝叶，因此见一叶、两叶，由此而千叶、万叶，确是开阔了。正所谓：“凡操千曲而后晓声，观千剑而后识器。”

但是对于已明“根本”的宗师而言，无“根本”，即无“枝叶”，有“根本”，自然千枝万叶。

见“根本”与见“枝叶”，在根本上“下功夫”，与在枝叶上“下功夫”，到底哪个是开阔呢？孔子曰：“朝闻道，夕死可矣”——求“道”与求“术”，哪个是开阔呢？此问或不言自明。传说西哲之源头苏格拉底懂得极多，却始终搞不清楚“我是谁？”“我从哪儿来？”“我到哪儿去？”——这“我”，在中国思想中却几乎不成为问题，因为早就晓得了啊。不说先秦时的“己欲立而立人”“四大”，只说宋代，理学、心学、气学其实都解决了这个问题，只

① 黄宗羲. 宋元学案［M］. 全祖望，补修. 北京：中华书局，1986：1679.

是浑没将这个当作多么高难的问题，没有特别地、单独地列出来而已。

之所以表明吕祖谦在辅助朱子编纂《近思录》的过程中，大受朱子影响，潜在地向朱子理学贴近靠拢，而不免对象山心学略有所偏离，是因为在1168年，也就是吕祖谦未与朱子寒泉相会之前，其成书《东莱先生左氏博议》中言："圣人之心万物皆备，不见其外也"，又，"吾胸中自有圣人境界"①。这个"不见其外也""吾胸中自有圣人境界"的立场，原本是显然的心学立场。

这种心学立场在吕祖谦著述中屡有所见。

如吕祖谦《左氏博议》中有言："《史》，心史也；《记》，心记也。推而至于盘盂之铭，几杖之戒，未有一物居心外者也"；吕祖谦《左氏传说》中，其思维亦并非"多下功夫""自卑升高""由近及远"，而是"哲命者，人心所有之明哲，非自外来也"②。

吕祖谦《孟子说》中有言："圣门之学，皆从自反中来……凡事有龃龉，行有不得处，尽反求诸己，使表里相应而后可。如一分未尽，便有龃龉，如果然十分正当，天下自然归之。"又，"本不在外，自求而已。大抵天下事，果不在外，只缘人信不笃"③。

吕祖谦《古周易》中认为易理与人心不容有二："心之于道，岂有彼此之可待乎？心外有道非心也，道外有心非道也""道天下无非己也"④，等等。

甚至斩钉截铁地断言："未有一物居心外者也""非自外来也""本不在外，自求而已"等等，都表明了吕祖谦对于心学是切有体会的。或者至少可以说他在一定程度上是相当认可、赞成孟子、象山之心学的。

而与朱子寒泉相会，辅助朱子编纂《近思录》之后，即转而评价象山"但欠开阔"的吕祖谦，此时似已经将他自己所断定的"未有一物居心外者也"，暂时性地忽略了。

---

① 姜国柱. 中国认识论史［M］. 武汉：武汉大学出版社，2008：249.

② 吕祖谦. 吕祖谦全集：第3册［M］. 杭州：浙江古籍出版社，2008：297.

③ 姜国柱. 中国思想通史·宋元卷［M］. 武汉：武汉大学出版社，2011：323.

④ 白卓然，张漫凌. 中国历代易学家与哲学家［M］. 哈尔滨：黑龙江人民出版社，2018：117.

这也是为什么前文某以为，从“择善固执之”角度来看，吕氏其成也博综，其弱也博综之缘故。

（二）知道与知识

婺学代表人物吕祖谦在朱陆鹅湖之会的过程中，起到相当大的作用，甚至可以说没有吕祖谦，也许便无鹅湖之会。象山与朱子二人的学派在当时有如双峰并峙、二水分流，吕祖谦颇有折中调和、会归于一的初衷。

吕祖谦本人是个学者型人物，平生修订、铨择《皇朝文鉴》一百五十卷，考定及修撰《古周易》一卷、《周易音训》二卷、《周易系辞精义》二卷、《东莱易说》二卷、《东莱先生书说》十六卷、《增修东莱书说》三十五卷、《吕氏家塾读诗记》三十二卷、《礼记详节》、释音《李擎仲黄实夫毛诗集解》四十二卷、《春秋集解》三十卷、《左氏传说》二十卷、《春秋左氏传续说》十二卷、《左氏博议》二十五卷、《左传类编》六卷、《左氏统纪》三十卷、《左氏手记》一卷、《春秋讲义》一卷、《左氏纲目》一卷、《春秋集传微旨》、《左氏国语类编》二卷。

除上述经部著述外，尚有史部编撰、著述：《吕氏家塾通览节要》一百卷、《东莱吕氏西汉精华》十四卷、《东莱吕氏东汉精华》十四卷、《新唐书略》三十五卷、《欧公本末》四卷、《宋通鉴详节》五卷、《东莱先生音注唐鉴》二十四卷，参与修订《徽宗实录》二百卷、《历代奏议》十卷、《国朝名臣奏议》十卷、《大事记》十二卷、《通释》三卷、《解题》十二卷、《十七史详节》二百七十三卷、《历代制度详说》十二卷、《观史类编》六卷、《议史摘要》四卷、《史说》十卷、《东莱先生西汉财论》十卷、《中兴馆阁书目》三十卷①。

此外，尚有著名的《近思录》《丽泽论说集录》等著述，共计六十余种。

从著述、著书立说的角度而言，吕祖谦与朱子是同类型人，皆喜著述、善著述、多著述。因此在主持鹅湖之会时，虽立意无偏私，

---

① 杨松水．两宋寿州吕氏家族著述研究［M］．合肥：黄山书社，2012：195.

处居中调和之位，但实际上，其本人之喜好，却不知不觉成偏而或未知。

故此吕祖谦对朱陆双方的评价：“元晦英迈刚明，而工夫就实入细，殊未易量；子静亦坚实有力，但欠开阔”① ——“子静亦坚实有力”之“亦”，其实已然潜在地以朱子为主，象山为次。

所谓“但欠开阔”，其实更多地从读书“渊博”的学者、知识分子视角而言。学者读书多，常常与著书多紧密关联，书读得多，便生见识、见解，有见识、见解，便欲记录、阐发以示学问。因此，学者对于自己的著述，不免或有珍宝、自矜、献艺、显扬之意。

象山云：“此道非争竞务进者能知。”

> 学者不可用心太紧，今之学者大抵多是好事。未必有切己之志。夫子曰：“古之学者为己，今之学者为人。”须自省察。②

所谓“古之学者为己，今之学者为人”，意为：古代学者治学的目的在修养自己的学问道德，现代学者治学的目的却在装饰自己，给别人看③。

《北堂抄引·新序》曰：“齐王问墨子，‘古之学者为己，今之学者为人，何如?’对曰：‘古之学者，得一善言，以附其身；今之学者，得一善言，务以悦人。’”——即便并非所有今之学者，皆以“悦人”为己事，但以“悦人”或“争竞务进”为己事的今之学者，恐怕不在少数。因此象山说：“未必有切己之志”。

《荀子·劝学篇》曰：“君子之学也，入乎耳，箸（著）乎心”，而小人之学，则是“入乎耳，出乎口”；《后汉书·桓荣传论》曰：“孔子曰：‘古之学者为己，今之学者为人。’为人者凭誉以显扬，为己者因心以会道。”④

本应“箸（著）乎心”“因心以会道”，而不是“出乎口”“凭誉以显扬”——这“心”，便是心学之心。因此象山说：“须自省

① 黄宗羲. 宋元学案［M］. 全祖望，补修. 北京：中华书局，1986：1679.
② 陆九渊. 陆九渊集［M］. 钟哲，点校. 北京：中华书局，1980：399.
③ 杨伯峻. 论语译注［M］. 北京：中华书局，2005：154.
④ 杨树达. 论语疏证［M］. 上海：上海古籍出版社，2016：356-357.

察！”

“因心以会道”“附其身”，正是象山所求。而“出乎口”“凭誉以显扬”，恰是象山所弃——因此象山甚至从不著书。

这涉及一个“著书是为了什么”的终极命题。譬如学者学习《诗经》，常常流连于其文采、语辞、句式、韵律、美刺、鸟兽鱼虫之名等，而孔子一语道破核心：“诗三百，一言以蔽之，曰：思无邪。”这种“一言以蔽”之劈破旁门、枝节，直入宝山的手段，方是问道。

文以载道，文以载道，文以载道——那些迷于“文”者，买椟还珠是也，只见其文，难知大道。

今之学者，尤其偏爱所谓“创新”，谓前人未言而我“言”之，以此争得所谓学术地位、竞聘职称、高级津贴、各种头衔等等。

不是说创新不好，而是“旧”且未识，何以言“新”？象山却从不说创新，但不妨碍他是世所公认之大思想家。

象山云：

吾之学问与诸处异者，只是在我全无杜撰，虽千言万语，只是觉得他底在我不曾添一些。近有议吾者云：“除了‘先立乎其大者’一句，全无伎俩。”吾闻之曰：“诚然。”①

孔子讲的一句道理，现代知识分子颇能以万言、十万言、百万言而争议之、解读之、新释之、新诠之、分而析之、肢而解之。争向而为创新研究、中西比较研究等等，其中颇有将中国思想套入西哲框架之削足适履之事，又不断引入极多西方译介类语辞，复将所谓“本体论”“方法论”“目的论”“宇宙论”“人生论”“知识论”等充斥其间，可谓煞有介事、鱼目混珠。

我们可以看看象山怎么说：

子亦见今之读谈经者乎？历叙数十家之旨而以己见终之。开辟反覆，自谓究竟精微，然试探其实，固未之得也，则何益

① 陆九渊. 陆九渊集［M］. 钟哲，点校. 北京：中华书局，1980：400.

哉?①

我国从清末至当今，已历两百余年，这种“历叙数十家之旨”“开辟反覆”“自谓究竟”“以己见终之”的所谓知识分子前仆后继、纷至沓来，所获地位头衔不可谓不显赫、项目课题不可谓不充足、基金津贴不可谓不丰厚，却再不能出一个真正的思想家。

此“何益哉”？宁不思之？

象山云：

> 人心有消杀不得处，便是私意，便去引文牵义，牵枝引蔓，牵今引古，为证为靠。②

这纷至沓来之现代知识分子，颇多杜撰、极多“创新”，千万言、百万语，只管增添，做的不是学问、修身，做的只是职称、津贴、地位或“邪见”。

于文无益，于道有损而已。

之所以于文无益，是文不只是文，以文求文，则“文以载道”受害；之所以于道有损，是道只是道，就在那里，并不因文辞、句式、语法、才气、杜撰、创新而增添一些，反而因颇多杜撰、极多创新，千万言百万语，仿佛八宝楼台，炫人耳目，反成遮蔽。后人陷于千万言百万语的“创新”之中，恐怕再难识庐山真面目矣。

象山云：

> 人品在宇宙间迥然不同。诸处方哓哓然谈学问时，吾在此多与后生说人品。③

孔子曰：“行有余力，则以学文”（《论语·学而》）——“行”在“文”之前，此“行”乃孝悌、爱众、谨信、亲仁之德行也，宁不思之？不是学文不重要，而是尚有比学文更重要之事。

学者多忘之，而象山直取之。

---

① 陆九渊. 陆九渊集［M］. 钟哲，点校. 北京：中华书局，1980：471.

② 同①：458.

③ 同①：400.

俗语云：运用之妙，存乎一心。学者型人物，常常致力于穷研其“妙”，而对于“一心”，却不免有“舍则失之”之憾矣。

现代知识分子，不只不见“道”，亦且无“文”。

或有人言，现代学术论文与文学作品是有区别的，以此来为自己的论文言之无物兼枯燥无味辩解。复有人言“为求严谨准确”，从而论文无法保持、体现文学性者，乃以“逞辩”掩饰“无能”也——论文难道不属于“文”？为何单独排除于文之外？论文之“严谨准确”与文字之“美”本可以兼容，并不存在必然之矛盾，只是“难”而已。

我国古代学者文人之论文，便是“严谨”与“美”的结合。贾谊之《治安策》、晁错之《论贵粟疏》、韩愈之《原道》、王安石之《本朝百年无事札子》等无数篇章，难道不是论文？为什么人家千古传唱？因为文学家的论文照样能写得文采飞扬！

而现代绝大多数知识分子之论文，其格式有如“洋”八股，但文采比八股文尚且远远不如，只剩下“味同嚼蜡”四字而已。

因为语及孔子“则以学文”，故说了几句其实不算题外的题外话，接回来再说于文无益，于道有损。朱元晦、吕伯恭等古代学者，其著书讲学，立意之真挚、用心之诚恳，虽与现代知识分子不可同日而语，但在象山看来，亦有“学不见道，遂自耽搁”之憾。

《语录》有载：

> 一夕步月，喟然而叹。包敏道侍，问曰：“先生何叹？”曰：“朱元晦泰山乔岳，可惜学不见道，枉费精神，遂自耽搁，奈何？”包曰：“势既如此，莫若各自著书，以待天下后世之自择。”忽正色厉声曰：“敏道！敏道！恁地没长进，乃作这般见解。且道天地间有个朱元晦、陆子静，便添得些子？无了后，便减得些子？”①

象山当时的“今之学者”，多以著书立说，藏之名山，传之后世，此中未尝全无献艺、显扬之意。只是学者型人物所著之书，多

① 陆九渊. 陆九渊集［M］. 钟哲，点校. 北京：中华书局，1980：414.

非“自立”，皆有所依傍。此观上述吕祖谦之著述多依傍于《尚书》《周易》《左传》《汉书》《唐书》《通鉴》等即可知，朱子亦与此类同。

而象山则是思想家型人物，不著书（或有人劝著书，象山曰：“学苟知道，六经皆我注脚”）——其本质上是有别于学者型人物的。

知“道”，与知“识”，实有高下之分别。知道，而识可以“日进”。知识，多知识，更多更多的知识，却不足以知道。

除著述外，在教人、育人方面，从吕祖谦身上依然可以看出知道与知识之别。

在创办丽泽书院之前，吕祖谦母亲去世，他在明招山为母守孝。《宋史》载：“丁内艰，居明招山，四方之士争趋之。”① 但象山却对此有所批评，并以诤友姿态，写下了《与吕伯恭书》，建议吕祖谦改过。书曰：

> “天下事理，固有愚夫愚妇之所与知，而大贤君子不能无蔽者。元献晏公尹南京日，文正范公居母夫人忧。元献屈致教导诸生，文正孳孳诗诱不倦，从之游者多有闻于时。窃闻执事者俨然在忧服之中，而户外之屦亦满。伯夷、柳下惠，孟子虽言其圣，至所愿学则孔子。文正虽近世大贤，至其居忧教授，大贤君子之所蔽乎？执事之所为标的者，宜不在此。执事天资之美，学问之博，此事之不安于心，未契于理，要不待烦说博引而后喻。窃闻凡在交游者，皆不为执事安，谅执事之心亦必不自安也。夫苟不安，何禅而不幡然改之乎？于此而改，其所以感发诸生，亦不细矣。舜闻善若决江河，沛然莫之能御。君子之过，及其更也，人皆仰之。伏愿不禅改过，以全纯孝之心。不胜至愿！”②

居母丧丁忧期间，教授学子，虽范文正公之贤，象山亦评价为：

---

① 脱脱，等. 宋史［M］. 北京：中华书局，1977：12872.

② 陆九渊. 陆九渊集［M］. 钟哲，点校. 北京：中华书局，1980：61.

“大贤君子之所蔽。”并认为对于吕祖谦而言，日夕与三百多位慕名而来的学子（户外之屦亦满）讲学交流，“执事之所为标的者，宜不在此”。为什么“宜不在此”？盖因心必不自安。

孝悌是德行，学文的目的不是文采、议论、谈吐、知识，而是学“德行”。因此孔子说：“弟子入则孝，出则悌，谨而信，泛爱众，而亲仁。行有余力，则以学文。”学文，余力也。

教授学子重要不重要？重要。但母丧守孝与教授学子，哪个重要呢？那些讲学、交流、辩论、谈吐、追求学问道理的真挚情怀，最终究竟是为了什么？

是为了能够表现出“有学问”“有知识”“有文化”吗？或者热爱学习、热爱教育吗？若仅如此，不足以闻道矣。

为什么明明并非伤天害理，而是教书育人的事，但在吕祖谦的朋友之间，“凡在交游者，皆不为执事安”？

为什么象山认为“谅执事之心亦必不自安也”？

若能思考答案，则或许对求“心安”之心学有所明悟。

（三）知识分子之局限

求知识、求真相，对于人类而言，是件重要的事，是好事，它一定比无知好得多。但是，求知识并不是终极事。中国之读书“人”，亦本不应以知识之“分子”自诩。因为中国之思想文化得意忘言，“人”生之中，一定有什么比“知识”更重要。

今以“知识分子之局限”浅言之。

其一，知识分子只是少数。

工、农、商、学、兵，其中“学”所代表的所谓“脑力劳动者”，作为“劳动者”，其数量是远远少于工、农、商的。因此，知识分子阶层之诉求，难以代表最大多数。

在互联网上动辄以专家面目出现的知识分子，因其多自说自话，又代表不了绝大多数，故常常会提出种种百姓认为匪夷所思、专家却觉得自己无比智慧的意见（多类似于何不食肉糜者），此亦是专家们被网民批评、嘲讽之主因。

其二，知识分子有如“洋火”。

中国自古并无所谓知识分子，20 世纪初方才出现“知识分子”

之类词汇，是在西风东渐，甚至一定程度的崇洋媚外基础上，由国外（俄语、法语转译）引进并“时尚”起来的。彼辈顶着“知识分子”的帽子沾沾自喜，却不知这顶帽子，只不过跟当时崇洋媚外视角下的水泥被称为“洋灰”、火柴被称为“洋火”异曲同工。

以今观之，就如“洋灰”“洋火”已经不再时尚一样，恐怕未必有某些知识分子群体关起门来自认为的那么高大上，尤其在其逐渐脱离了人民群众的情况下。而在互联网—移动互联之时代，普通知识正在被网络转化为常识。一旦将化为常识的普通知识剥离，则还能够拥有自己独到“知识”的知识分子，恐怕更是极少数。

其三，知识分子，顾名思义，知识的一分子而已。

细究根底，他虽然外形类人，但却成为“知识”之附属品。

知识，本应是“人”的工具。但作为知识分子的那些人类，却自愿成为“知识”的附属。此可谓本末倒置。

其四，“知识分子”与“人”的人生目的不同。

人之一生，乃求“做人”——做个“人”，则“我”便显别于飞禽走兽、草木竹石。知识分子却受西方理念蛊惑，乃以求知识、求真相（亚里士多德所谓 Plato is dear to me，but dearer still is truth）为荣、为目的。美其名曰：献身于知识、献身于真相。如此，则彼之“人”生，再无“人”之意趣，仿佛存储了某种知识的移动硬盘。

亦正因为“知识分子”与“人”的人生目的不同，则彼辈“知识”掌握得再多，亦难以“成人”。

问：知识分子群体的道德水准，确实高于老百姓吗？

其五，即便只以境界论，西方常陷入为知识而求“知识”之境界。

所谓知识、truth 即其终极目的。而中国则不同，知识不过工具尔，尤如语言文字之于得意忘象、得象忘言。中国之境界乃为通过知识，得以进到更高层级——仁、道等。中国之境界乃技近乎道、术以求道，而西方之境界则为献身于术、器。

从人类文明发展历史的长时段角度看，求道之文明，绵延不绝，传承至今。而求于术、器之文明，皆亡。中国是世界上唯一一个延续至今的文明，兹可为证。

其六，科技发展至21世纪之今日，所谓献身于知识、献身于真相的“知识分子”阶层，比知识储备？比得过日新月异、飞速发展的芯片、硬盘、大存储服务器、人工智能吗？

以26年前IBM计算机“深蓝”击败加里·卡斯帕罗夫（人类的天才棋手、连续23年世界排名第一）为起点，后来发展到一个初级的AlphaGo，便全灭了几乎所有的世界围棋冠军，甚至把一个世界冠军打的现场痛哭——数十年学得的围棋技艺、知识，以此曾经可以傲视群侪，现在却已不堪与初级人工智能一战。

除围棋外，程序Stockfish称雄国际象棋，程序Elmo称雄将棋，AlphaGo Lee、AlphaGo Master、AlphaGo Zero又一个接一个超越初级AlphaGo，及至AlphaZero诞生，复将前面这些尽破之。世界冠军十数年如一日，辛辛苦苦点灯熬油背下的数百、千张棋谱（知识），还不够AlphaZero学3秒的。

其七，只有彰显智力的棋类领域如此吗？

大名鼎鼎的ChatGPT、Runway Gen-2（文字转视频）、ON1 Photo RAW（图像编辑）、Photoroom（多合一背景去除）、Scribble Diffusion（精致图像生成）、Slidesgo（自定义PPT）、Play. ht（文本转语音）、Claude（创意写作、翻译、情感分析）、CodeWP（快速代码生成）、Shutterstock AI（自动图像生成）、Soundful（自动音乐生成）、百度的“文心一言”、复旦的MOSS、阿里云的通义、腾讯的混元、华为的盘古……

不过，IT领域里著名的摩尔定律了解一下：微处理器的性能每18个月提高一倍，而价格下降一半。从1965年摩尔定律被提出以来，人们一直怀疑它到底能适用多少年。答案是，至今为止，仍然适用。

诚然，现阶段人工智能取代不了爱因斯坦、薛定谔这样的高端科学家，但是这样的高端科学家，人类又有多少呢？广大的知识分子阶层中的“分子”们，得锻炼出怎样的认知，才能认为自己跟爱因斯坦一样重要，不会被人工智能取代？问题是你即使单方面锻炼出这样的认知也没有用啊，AI又不是你父母，它可不会由着你。

围棋世界冠军们，现在都被 AI 搞的要么宣称“从此不再跟 AI 对局”，要么转行“打游戏”“玩直播”去了，很多棋手、爱好者甚至认为在 AI 时代，围棋已死——因为一线的职业棋手前 50 手全部都是在背 AI 定式。两个九段端坐于棋盘前，仿佛被 AI 这个大导演放到前台的俩演员。大家比拼的不再是知识、智力或自由意志，而是比拼谁对 AI 的利用率更高、谁对 AI 的臣服性更强。然后“肛珠”作弊了解一下：肛门括约肌利用得好，2022 年，可以战胜国际象棋的棋王；2023 年，中国全国象棋赛可以赢得冠军。

比拼智力的围棋、象棋、国际象棋世界冠军，全世界只有那几十个，个个碰到 AI 就一点磕绊不打地被斩落马下。数以万计、十万计、百万计的所谓普通“知识分子”们，是怎么能认为自己的智力水平高于这些棋类世界冠军的？

人工智能，其实是计算机时代对人类社会的一次全面检验。潮水退去，我们就知道谁没有穿裤子了。面对人工智能的冲锋号角，广大献身给“知识”的知识分子们，不能说全部，但其中很大部分，能做的恐怕只有掩耳盗铃。

其八，前文已述，即便只以境界论，西方常陷入为知识而求“知识”之境界。从亚里士多德 Plato is dear to me，but dearer still is truth 开始，所谓求知识、求真相即是知识分子的终极目的。而我中国之传统则不同。

未来人类要想不被 AI 取代，不能寄希望于“我掌握的知识，AI 掌握不了”，无论你掌握的是多偏门的知识都没用的。

知识分子惯常引以为傲的，掌握“知识”“逻辑”“语言”“运算”“技术”“技能”“操作”“教学”等，对于 AI 而言，没什么难度（即便你不提供自己的数据，也有你无数同类、同行在提供）。那么，什么对于 AI 来讲反而是最难的？

答案是：做个人。你品，你细品。

那么，在这个世界上，谁的文化、谁的文明数千年来在为“做人”而手足胼胝？我中国。

我们中国人并没把自己献身给科学、献身给技术、献身给知识，科技、知识确实很重要，但亦都只是为“人”服务的工具而已，以人为“本”——却不可本末倒置。

孔孟之前、孔孟之后，中国人献身的只有“人道”（即仁道），即象山所说：“纵某不识一字，亦须还我堂堂地做个人”！——这才是 AI 无论怎样发展，也没有可能做到的啊。换句话说，如果 AI 真的做到了，那某乐见其成——成为“人”。

以上，某只是为了论证一下象山的这条路：“纵某不识一字，亦须还我堂堂地做个人。”兼怀念一个故人，莞尔。

（四）鹅湖论道

1. 第一首诗

孩提知爱长知钦，古圣相传只此心。
大抵有基方筑室，未闻无址忽成岑。
留情传注翻榛塞，着意精微转陆沉。
珍重友朋勤切琢，须知至乐在于今。

鹅湖论道主要是象山兄弟（陆九渊、陆九龄）与朱子、吕祖谦四人，另外还有两边的门人弟子若干。

在象山兄弟与朱吕双方相向而行、奔赴鹅湖的途中，象山对其兄复斋陆九龄讲：“伯恭约元晦为此集，正为学术异同，某兄弟先自不同，何以望鹅湖之同？”于是兄弟二人先自论道，复斋乃做此哲理诗表达思考与观点。

从诗品来讲，从文学性来讲，算不得一流的诗，只是意思表达得尚可算清晰、明白。在意思表达得相对清晰、明白的基础上，说理却不够透彻。陆九龄自己的立场、前言后语却似略存相互矛盾之处，即似乎站“心学”之立场，却又予“理学”以余地（哲理诗，不是人情世故，市井间吵架可以用调和之方法，但说“理”，却不透，则反成榛塞），恐怕是有调和之心，看尾联的话语就知道了。

（1）微有不安。

岑，指山。传注，传者转师，注者主解，即解释经籍之文字。榛塞，犹言阻塞。陆沉，即陆地沉没，诗里用的是比喻义。切琢，引《诗经》“有匪君子，如切如磋，如琢如磨”，指君子学问切磋、德行琢磨。这尾联言辞诚挚、恳切，足见陆九龄的君子之风。

哲理诗，主讲哲理。复斋这首诗首联、颔联、颈联表述之哲理都似“微有未安”。

先看颈联，如果单说“着意精微”，其实意思不错，但是与上句“留情传注”相呼应，则此“着意精微”，便可以说是着意于传注、训诂、文字、析理、解义之精微，如此，则复斋此时相当于是站在朱子“道问学”一边。但是这样解法，文字上可以，于情于理有不合。

另一种解法，可以说是与“留情传注”相对、相反的“着意精微”，指心学。如此，留情传注，却翻榛塞，着意精微，堪转陆沉——此则是复斋站在了“心学”之立场。关键是这个“翻”字，复斋炼字不甚准确，褒义还是贬义其实皆可。褒义可取越过、翻过阻塞，贬义可取翻腾、陷于阻塞。这个“翻”字可以两头表义，恐怕也是陆九龄此时尾联的心态。此处或以后一种解法为佳。

再看颔联，“大抵有基方筑室，未闻无址忽成岑”。此句既不是纯粹“心学”立场，亦不是纯粹“理学”立场，反而类似居中调和“心学”“理学”之意。然而“心学”“理学”没法这样调和，并不是二者简单相加，就水乳交融；二者相加，只能水是水、油是油。

若简单点讲，“基”“址”指心，而“室”“岑”指理。先有“基”“址”，而后才筑“室”成“岑”，这乍一看似乎是将“心学”排在了“理学”之前，分了个先后，以突出“心学”之重要性。然而细思，却是将“理学”排在了“心学”之上。

为什么这么说呢？“基”“址”只是半成品，“基”“址”的目的是什么？是为了“基”“址”吗？显然不是。“基”“址”的目的，是为了筑“室”成“岑”，因此“心学”虽似被排在了“理学”之前，但反而成了“理学”之工具，只是为了通过“基”“址”，达成“理学”之筑“室”成“岑”的目的，表征着“室”“岑”的“理学”，反而成了最终的结果。

此联还可以有相反的一种解法，即将颈联之“传注”当作“基”，则意思即可反过来，以“道问学”之理学为“基”，可成就

“尊德性”之心学之室。

但无论正、反哪种解法，都是类似居中调和“心学”“理学”之意，欲将“心学”“理学”二者相加。前面某已经说过，没法这样二者相加。好比黄河与长江相加可得世界第一大河，然而，实不能也。

（2）心不可传，故不能“传心”。

已经让人微有未安的颔联、颈联，还不是最不安处。最不安的是首联。即“古圣相传只此心”。

这句诗中之哲理，表明陆九龄虽能以言语来说“心”，实未懂“心”。为什么这么讲？我们可以结合象山十三岁时说的那段话来看：

> 又曰：“宇宙便是吾心，吾心即是宇宙。东海有圣人出焉，此心同也，此理同也。西海有圣人出焉，此心同也，此理同也。南海北海有圣人出焉，此心同也，此理同也。千百世之上至千百世之下，有圣人出焉，此心此理，亦莫不同也。”①

是此心“同”，而不是“传”心。一字之差，天差地别！

二者之精微差别在哪儿呢？孟子曰：“圣人，与我同类者也。”以此“同类”，而此心“同”。

你须做的只是“发明本心”，并不是通过“传”去接收圣人的“心”。本心既复，你自然与圣人的心是同样的。

圣人的“心”，也没有传给你，他的心依然在、至今在，如果你“发明本心”，正是天地间又多了一“心”。

并不是只有一个心，复斋所谓“只此心”——然后“古圣相传”，好比周公得了，然后传给孔子，孔子又转给子思，子思又传给孟子，孟子又转给宋儒，这种思路就仿佛击鼓传花般的笑话了——如果有两人以上同一时期秉赋达成，为了“只此心”，说不定还得打起来、争夺一番？

---

① 陆九渊. 陆九渊集［M］. 钟哲，点校. 北京：中华书局，1980：483.

(3) 儒与佛在“心”上的大区别。

须认取“发明本心”——这其实也是儒学与佛教的一个极大的区别之处。

复斋的“古圣相传只此心”，其实便有可能受到生活日常中佛教掩袭、援入、弥漫之干扰，“传心”，佛教很愿意使用的句式。

佛教其实不甚懂“心”，因此常常来个“以心传心”，看起来颇具浪漫主义、神秘主义、不明觉厉的样子。

佛教之“以心传心”，其实还不是复斋的“只此心”。复斋的“只此心”，是只有这一个心。而佛教则是有一心曰甲，另一心曰乙，这甲、乙二心分别属于两人或两佛陀、两罗汉之类皆可，然后“吾有正法眼藏，涅槃妙心，实相无相，微妙法门，不立文字”，看看，又“正”又“妙”，又“实”又“无”，是不是很高深？

然后因为不立文字，就来个“以心传心”，将所谓神秘的、难以描述的领悟、经义、知识等，从甲传给了乙。

为什么说佛教其实不甚懂“心”？你试试看在“以心传心”的过程中，“心”重要吗？不重要的！

甲之心，只是仿佛无线信号发射器，而乙之心，则仿佛无线信号接收器，重要的是什么？是那发射器与接收器之间传递的“无线信号”，即所谓神秘的、难以描述的领悟、经义、知识等。“心”成了什么？工具之流而已。

此可谓佛教懂“心”乎？

而我们看看儒家：本心既复，你自然与圣人的心是同样的。圣人的“心”，也没有传给你，他的心依然在、至今在，如果你“发明本心”，却是天地间又多了一“心”。这“心”并不是工具，而是目的。如此，儒、释之间高下可立判。

那些近现代诬蔑象山近佛、是禅者，可看得懂上述所言否？

因为复斋所作之哲理诗，其首联、颔联、颈联皆有思而不周详、不严密处，尤其是首联，所以象山看了难免会觉得“微有不安”①。于是，便引出了象山的和诗，即我们要谈的第二首诗。

---

① 束景南. 朱子大传［M］. 北京：商务印书馆，2003：362.

2. 第二首诗

墟墓兴衰宗庙钦，斯人千古不磨心。
涓流积至沧溟水，拳石崇成泰华岑。
易简工夫终久大，支离事业竟浮沉。
欲知自下升高处，真伪先须辨古今。

这首诗是象山见了其兄复斋的诗后，觉得不安，乃步韵相和的。同样是哲理诗，又受到复斋原诗韵脚用字的限制（如“钦”字即属下平十二侵中较为难用的韵，强用减了诗的成色），但说理透彻至十分，甚至十二分。

（1）不磨心，你上你也行。

前文已述复斋“古圣相传只此心”，在说理方面，“相传”，不妥帖，“只此心”，亦不妥帖。而象山改作：“斯人千古不磨心”。不磨心之含义，较复杂，有多重。

磨，磨字从麻，麻纤维则不如丝绸之原料光滑，表面有不平处，此义之磨，谓之打磨，使平滑柔顺。而不磨心，即是不需要打磨（潜在意思即“心”不是一点点打磨而成，乃先立其大而成）。可与象山曰“存养是主人，检敛是奴仆”① 相参看，打磨即检敛。

磨，又谓磨损。此义可相参看这段话：“宇宙便是吾心，吾心即是宇宙。东海有圣人出焉，此心同也，此理同也。西海有圣人出焉，此心同也，此理同也。南海北海有圣人出焉，此心同也，此理同也。千百世之上至千百世之下，有圣人出焉，此心此理，亦莫不同也。”②

孟子曰“圣人，与我同类者”，还有“子服尧之服，诵尧之言，行尧之行，是尧而已矣。”若得“发明本心”，便知道，你的心并不比圣人的小。

为什么不比圣人的小呢？这些“同类”者，即“斯人”，“心”是一样的啊。虽千古，亦不曾磨损了一些，亦不会挫磨的细些小些。

---

① 陆九渊. 陆九渊集［M］. 钟哲，点校. 北京：中华书局，1980：450.

② 同①：483.

此谓“心同”。

磨，又谓磨灭。宇宙之四方上下、往古来今，是不可将此心磨灭的。此心与天地并，历万世存。此可与明道之“尧、舜知他几千年，其心至今在”① 相参看。

明此三义，则明某前所言，象山说理透彻至十分，甚至十二分。“心”不剔透，说不至此。

“心”不剔透，便只能停滞在所谓“以心传心”“此心虚明”“不是幡动、风动，是心动”“此心神明不测”等佛教强以言语硬说、硬把捉之地界。他不把“心”讲得高高的，你如何会觉得他是“高人”？他不把“心”讲得高高的，你如何会觉得果然不是我笨，而是佛、菩萨之境界常人难以蠡测？

而事实上，“心”一点也不虚玄高渺，“心”不虚，是实的，是踏实的，是极平易的，是就在你我平常人活生生的生命里的，从上面“磨”字三义便可看出，并不在什么远离世人、高高在上的九重天或佛菩萨境。

只要“先立其大”，你上你也行。你暂时不行的原因，孟子说：“但病不求尔”。

（2）学问，是所有人的事。

孟子又说：“学问之道无他，求其放心而已矣”，人人皆可求放心。

现代人看“学问之道”，会误以为是“知识分子”的事，咱老百姓咋搞学问？因此普通人会误以为孟子说的这个，跟咱老百姓无关。

学问，不是掌握“知识（knowledge）”的分子们才能搞。这些“知识分子”建立起所谓“学术门槛”，正是在割断中华文明的文脉。

学问，是所有人的事！

汉语“学问”，是“学”和“问”，不是 knowledge，也无论如何不可、无法翻译或理解成 knowledge。学，是学而时习之的学，问，是不耻于问的问。

① 程颢，程颐．二程集［M］王孝鱼，点校．北京：中华书局，1981：96.

对于咱老百姓而言，是人（“学”字下面指代人的部首“子”）就可学，有嘴（“问”字部首“口”）就能问，此谓“学问”。

我们再来看孟子所说：“学问之道无他，求其放心而已矣”——如果知道汉语“学问”，是“学”和“问”，不是 knowledge，则可以明白，孟子这话是说给所有“人”的，不是单独说给一小撮所谓“知识分子”的。如果说正法，这才是真正的世间的正法。而断言“知识分子”才是搞学问的人，恰是邪法。

“学问之道无他，求其放心而已矣”，是告诉我们：人人皆可求放心！

（3）助词正需要琢磨。

又，读中国之典籍，要读懂所谓语气词。千万别以为是虚，于是无用。

“学问之道无他，求其放心而已矣”中，“而已矣”常被语文课上所采用的西方语法教学所误导，认为是虚词，没什么意义。字母体系的西方文明，却哪里懂得象形会意体系的中华文明之精深。

现代社会你若观察西方留学生，便会发现，他们学说汉语，皆能发汉语音，但绝大部分西方留学生都掌握不好汉语的“音调”，即“轻重音”。一句话，他能平平地给你说出来，不知哪个字该咬得重些，哪个字该发得轻些。因此西方人说汉语，哪怕蒙面，老百姓一听就知这是外国人，不是中国人。轻重音之调的气息不同，中国人则能让同样一句话，表达出数种不同的意思。

因此，非我中国人，是不懂得汉语之“语气”，是在“表意”，而不是无意义。

真正的“弦外之音”“言下之意”，反而不在那些所谓“实词”里，却在“语气”之中。

“古人谨尔话言，往往意在言外，记者追忆其言而笔之，笔之或不足拟其辞，故助以声。一之不足，而再焉，而参焉，至辞气毕达而止。”①

这种“语气”，记录孟子言行的弟子，难以形容或描述，故，在

① 马建忠. 马氏文通［M］. 北京：商务印书馆，1983：378.

“求其放心”后面，特加上一连三叹，“而”“已”“矣”……此正是读中国典籍最需要下心思去如切如磋、如琢如磨之处，亦是西方文化所不可企及处。切不可因为被知识分子指定为“虚词”或“助词”，便以为没用。

（4）心一而已。

接着说象山的诗，此诗颔联“涓流积至沧溟水，拳石崇成泰华岑”，比复斋“大抵有基方筑室，未闻无址忽成岑”说得鞭辟入里很多。

为何这样说呢？

基与室，址与岑，分别是两物。

基，是“为了”筑室之用；址，是“为了”成岑之用。基与室，此二者，合起来看是房子，分开来看，却是各不相同之两物（甚至形成二者之动作都不相同，一个是挖，一个是筑）。并且，基上亦不必一定筑室，比如因为懒惰了，你就可以让基直接封顶，改为地窖。址与岑亦是同理。

基取其凹，址取其平。你不能在基尚且是凹的时候，即尚无“室”之时，便称基为“小室”，它只是个凹。你亦不能在址尚且是平地的时候，即尚无“岑”之时，就称址是“小山”，它只是平地。基与室，址与岑，未来虽或有一定的关联，但终究是二物。

而象山此句“涓流积至沧溟水，拳石崇成泰华岑”，说理却与复斋大不同。

涓流与沧溟水，拳石与泰华岑，其实是一物。

涓流与拳石，壮大起来，便自然是沧溟水、泰华岑。基，不能称小室，涓流，却可称“小沧溟”，二者水属性相同；址，不能称小山，拳石，却可称“小泰华”，二者石属性相同。反之，你能从真正的沧溟水里，将涓流区分出去吗？你能从真正的泰华岑中，将拳石分离出去吗？不能，因为它们是一体的。

如此，涓流与沧溟，拳石与泰华，本是一物。一者小，一者大而已。五岁的我，终究可成长为二十五岁的我，五岁的我小小的，二十五岁的我，确实比五岁的我大，但，我还是我。

这才是“心”学，心一而已。

（5）破解泼在象山身上的污水。

象山诗颈联“易简工夫终久大，支离事业竟浮沉。”——这两句反而是此诗最好理解的。亦是朱子闻之变色的，“举诗至此，元晦失色”。

简单点儿讲，易简工夫，可代指“心学”；支离事业，可代指朱子“道问学”（为何不用“理学”与心学相对，而使用“道问学”呢？是因为明道所创之“理学”，并不支离。到了朱子时期，以格物致知走向支离）。

朱子一听，便明白所谓“支离事业”指谁，因此，“不怿”。《宋元学案》载：“紫阳（朱子之别号）以为讥己，不怿。”① 怿，悦也。朱子不怿，就是不高兴的样子。

然后，虽然达不到拂袖而去的程度，但是哪怕是为朱子作传记的人（站在朱子角度），也只能写“第一天的论辩也就至此暂告休会”②。《象山语录》里，说的更是敦厚，“于是各休息”③。

第二天，朱子与吕祖谦事先商量好了一些论题，而按照朱吕准备好的论题（此为主持人未必居中也），随机相应的象山，又胜了。

“翌日二公商量数十折议论来，莫不悉破其说。继日凡致辩，其说随屈”——朱子门下弟子或赞成者们，理所当然地会认为，什么“悉破其说”？这是象山在吹牛。此可见若干朱子传记类文章，要么对象山“悉破其说”，避而不谈；要么就认定这“不过是老师在弟子面前自我炫耀的夸饰之词”④ 云云。

朱子承接的是二程子之洛学，有二程子打下的基础（二程的地位、门人弟子数、理学流传度、知名度等），此相较于象山无师承、自学自得、孤峰突起，更占据一些基础性的、学术地位上的有利条件。

抛开师门不谈，单说朱子自身，亦比象山年龄大、入仕早、成名早，严谨地讲，学术（学术，非指道）之广博亦高于象山，高于

---

① 黄宗羲. 宋元学案［M］. 全祖望，补修. 北京：中华书局，1986：1886.

② 束景南. 朱子大传［M］. 北京：商务印书馆，2003：361.

③ 陆九渊. 陆九渊集［M］. 钟哲，点校. 北京：中华书局，1980：428.

④ 同③：363.

当世所有人。朱子名满天下时，象山甚至还在乡间读书，并未出山科举。因此鹅湖之会的预约与开始，象山更似一个自下而上的挑战者，而朱子才是那个居于较高位置的守擂者。

分清挑战者与守擂者，在后续推理上是件很重要的事。

上面是道理上的分析，再说事实上的。鹅湖之会是吕祖谦召集的，相当于现代学术会议的发起者、主持者。那么这个主持者，是去迎象山、复斋兄弟二人，还是去迎了朱子并与朱子相携而来？朱子和象山谁的地位更高，是可以看出端倪的。

然后我们看鹅湖之会的第一天发生了啥？其实就是陆氏兄弟各举了一首诗，复斋在先，象山在后，象山把诗读完，朱子便“不悦”“休息”去了，“于是各休息”。那么，谁的地位更高，是不是又可以看出些许端倪呢？

因此，象山更似一个自下而上的挑战者，而朱子才是那个居于较高位置的守擂者。

在第一天论辩中，因为象山这首诗犀利、够威，所以导致朱子变色、不怿而走。象山事实胜但无法言胜（因为对手“休息”去了）。之后，鹅湖之辩第二天，挑战者与守擂者之地位却颠倒了过来。

为什么这么说？因为“翌日二公商量数十折议论来”。变成朱子、吕祖谦二公仿佛挑战者，来挑战守擂者陆象山了。然后问那些认定象山“悉破其说”是吹牛、是自我炫耀的人：这第二天又是谁胜了呢？其实还是象山胜。

为什么这么说？我们看看“悉破其说”下面那句话：“继日凡致辩，其说随屈”，这里面“其说”二字透露了重要信息。

谁回去私下准备“数十折议论”，谁就是事实上的挑战者，是不是这个道理？因为守擂者只需要等着这些议题的挑战。这“议题”都是挑战者提出的，因此从守擂者角度看，这叫“其说”，而不是“吾说”。

继日，即连日。如果第二天是朱子胜了，则接下来的第三天，便应该是象山回去与复斋准备“数十折议论来”，然后“吾说得以伸张”，而不是第三天、第四天的“继日”，还是“其说”。

而连日以来，皆是“其说”，说明什么？说明每个下一天辩论的那些“议论”“议题”都不是象山准备的呀。那谁胜了？莞尔。

说象山吹牛的人，想想看，象山使用过“吾说”吗？

为什么说鹅湖之辩基本上是象山胜了呢？除推理外，我们还可以从鹅湖之会后一些蛛丝马迹的事实反推之。

其一，朱子开始攻击象山是王安石之流，常将二者并称。

你以为这是夸象山的水平仿佛唐宋八大家吗？天真了。“唐宋八大家”这个称谓明朝才提出的，朱子时期，宋还没结束呢，哪来的总结“唐宋”。

王安石北宋人，其任宰相时创立的“新学”，到南宋时早已是破落户，世以“伪学”视之。并且，安石变法失败，导致世间极多非议，尤其在宋朝，他并不是个夸人的类比对象。

《朱子语类》中：“江西士风，好为奇论，耻与人同，每立异以求胜，如荆公、子静（陆象山，字子静）。”又，“大率江西人，都是硬执他底横说，如王介甫、陆子静”——朱子这些将象山与安石并称之言论，被钱钟书在《谈艺录》里评价为“殊耐寻味”①。

此乃为了批评象山，不只要将他与非议颇多的王安石并列而举，甚至不惜开“地图炮”，将所有江西人囊括进来。

其二，将象山与王安石并列起来还不够，还要攻击象山不是儒学，而是佛教，即“近禅”“是禅”等。将象山“心学”讥为“禅学”的始作俑者，即似朱子也。

《朱子语类》中，“陆学固有似禅处”“子静一味是禅，却无许多功利术数”“子静之病恐未必是看人不看理，自是渠合下有些禅的意思”“（陆氏之学）只是禅”“陆子静之学，自是胸中无奈许多禅何”②。

而象山却君子之风，被讥为禅，并未反唇讥之，虽一生仍与朱子多有书信往来、辩论，如辩“无极、太极”等，却只是凭心而论，就事论事，不涉其他。“在陆九渊这里，我们的确找不到像朱熹这样

---

① 钱钟书. 谈艺录（补订本）[M]. 北京：中华书局，1984：85.

② 黎靖德. 朱子语类：卷一百二十四 [M]. 北京：中华书局，1986：2978.

连篇累牍地指朱熹之学为禅的情形。”①

在这里，某却不是欲指责朱子人品，一代大儒，虽有意气之争，但不至于人品不行。某只是想说，试看鹅湖相辩之后，朱子屡讥象山，而象山并未以彼之道还施彼身（对象山来讲，这些依然是“其说”，而不是“吾说”），那么，谁更有胜利者的风度？

朱子比象山年龄大、入仕早、成名早、学术博、地位高，如果朱子确实是胜利者，会这么意气用事到近于“口不择言”的程度吗？胜利者之心态乃以高临下，不是应该像曹操评价孙策那样：“狮儿难与争锋也”，或者更有风度地来一句“后生可畏”吗？

如果以上种种又种种，都能从推理或事实上表明，鹅湖之辩，是象山胜了，那么，象山说“翌日二公商量数十折议论来，莫不悉破其说”，凭什么说人家是吹牛？或是“自我炫耀的夸饰之词”？

况且，“悉破其说”四字只是象山在说事实——世间自我炫耀、吹牛的人多了去了，但是一边吹牛、炫耀，一边“惜字如金”的人就不多了。

（6）二十四年前，象山已识得简易、支离之别。

象山感受到简易与支离之别，是在他八岁，确认之，是在他十三岁。因此这简易与支离，并不是专门针对朱子而言。

象山十三岁时读《论语》，有感而发：

> 夫子之言简易，有子之言支离。②

这就是说简易、支离二词，并非专门针对朱子而言，亦并非为了诗句随机拼凑词语，而是真正的心得。鹅湖之会时，象山三十七岁，这简易与支离，已经至少被他在胸中揣摩、蕴养了二十四个年头，而且，他自己平生工夫即在简易。

可谓象山不能识得简易与支离之分别乎？

（7）古字之难。

象山诗尾联“欲知自下升高处，真伪先须辨古今”。

---

① 李承贵. 陆九渊［M］. 西安：陕西师范大学出版社，2017：101.

② 陆九渊. 陆九渊集［M］. 钟哲，点校. 北京：中华书局，1980：483.

自下升高处，是说什么？台阶。拾级而上，能让人自下升高。以此来比喻“留情传注翻榛塞”中的“传注”（因为是和诗，故有此关联）。即便不从和诗的角度，单说台阶，亦可明白这是讲要一步一个脚印地学，也即指朱子那种致力于经典古籍之注疏、文字之考证、语辞之训诂、经义之阐释等。

前文讲过，朱子极擅长精细考据，学力极高。朱子编次、著作者，按《宋史》所载：《易本义》《启蒙》《诗集传》，大学、中庸《章句》《或问》，论语、孟子《集注》，太极图、通书、西铭《解》，《楚辞集注辩证》《韩文考异》《论孟集义》《孟子指要》《中庸辑略》《孝经刊误》《小学书》《通鉴纲目》《宋名臣言行录》《家礼》《近思录》《河南程氏遗书》《伊洛渊源录》等。又有《仪礼经传通解》未脱稿，亦在学官①。

看著作之名，即可知发力之方向，“本义”“章句”“集注”“考异”“集义”“通解”等，皆经典古籍之注疏、文辞之训诂、经义之阐释也，这也是朱子贯穿一生的特点——“辨文末”，在这一项上，思想史上没有什么人能做得比他更好了，因此他才是“集大成者”。集什么大成？集古圣先贤之大成。

然而问题来了，印刷术未普及前，古书是古人相传抄而来，这个抄写的过程中，是可能出现大量的误改、误增、误删、误解，以及脱损、错漏、倒置、伪讹、衍文等行径的。这种情况处理起来，难度可以达到令人发指的程度。

比如伪讹中的伪书，分为内容伪还是作者伪，又分为全部伪还是部分伪。部分伪里又分为真多于伪还是伪多于真，还分哪部分真、哪部分伪。从价值角度又分为无价值和尽管伪但是有价值……

仅从抄写的“字”来说，错字、别字、漏字、增字、省体字、分化字、异体字情况都可能出现。而古文言简意深，因为言简，一字之差，意思却可天差地别。

举个例子：如果抄写者是个小吏，比如1975年出土的云梦睡虎地秦墓竹简，共1155枚，残片80枚，就是一个叫“喜”的秦吏之“工作笔记”。

① 脱脱，等. 宋史：卷四二九［M］. 北京：中华书局，2004：12769.

负责抄写古经籍之书吏并非思想家，他具备理解思想家言语的思维高度吗？如果不具备，碰到那些他基本看不太懂或自以为懂的话，他抄写出错是很有可能的。

再举个“色难”的例子：在秦始皇没有大一统之前，周天子是分封了数百个诸侯国的，由于地域差异，不同诸侯国的文字也是不同的，因为没有“书同文”。

《论语》中，孔子曰“色难”，那什么是色？历来称为难解，答案五花八门。如果强行将数十种答案合并同类项，那么大体可分四类：一者，“难在孝子容色说”，二者，“难在承望父母颜色说”，三者，“难通戁说”，四者，诸杂说。观点各个不同，如以色为“描述”、以难通“讱”、以“色”为“譺”、以难通“⿰鼻隹”等。

这就需要考据古字。

首先，“色”出于甲骨文，（三期粹三九三），本义就至今难定。一为颜气说，一为怒色说，一为断绝说，一为交媾说。每种说法后面都立着几个大牛，许慎、段玉裁、唐兰、王力、徐中舒、马叙伦等。

即便你四类都赞同，然后你又会发现，这几个本义全都难以解释“色难”。

其次，既然从甲骨文入手未果，那或可从《论语》自证。

《论语》中“色”字共出现二十七处。问题又来了，其他各处的“色”，也有若干公案。如“色斯举也”——有说色即骇，有说色即危，有说色即敲，有说色即疑（这个较有理），有说是个鸟儿叫“色斯”……此则试图从《论语》自身使用的“色”，去解决“色难”，恐怕亦不灵。

再次，既然《论语》自证未通，甲骨文也没走通，那改走战国文字。

于是在黬钟、信阳楚简、郭店楚简等资料中发现古“色”字。其中，在楚简中“色”有四个变形。这四种变形的色（有容有色、容色目司也、食与色与疾、此势行矣）都可一一解出，然后问题又来了，楚简，是楚国文字。

今本《论语》却是齐鲁文字传抄下来的。需要解决能否用楚国文字来训释齐鲁古文版本。

在面对能否用楚国文字来训释齐鲁版本时，又涉及细分问题：楚国文字与楚国人抄写的文字，二者可否画上等号？有时可，有时不可。

然后发现郭店楚简，虽然在楚墓里出现，却不是楚国文字，而可能是楚国人学习了齐鲁文字，然后用齐鲁字体，在简上誊抄的。从论文《论郭店简〈唐虞之道〉〈忠信之道〉〈语叢〉一~三以及上博简〈缁衣〉为具有齐系文字特点的抄本》可知，郭店楚简之“色”，才可以与齐鲁古本之“色”互相验证。

最后，从色即疑开始，一路推导，疑即矣，矣即矣，而矣即歖，歖即喜之古文，于是色即喜。

（8）说“真伪”。

例子举完，接着说象山诗“欲知自下升高处，真伪先须辨古今”中的“真伪”。

陈桓曰校勘四法，对校、本校、他校、理校，其中理校最犀利，也最危险——这也是朱子常用之法。以朱子之学力、名望、地位、眼光、权威性，他注疏古籍、训诂订讹，将古籍疑难字以自行断案而定是非，是可行的，若朱子这集大成者都不可行，恐怕也没什么人可靠了。

但是，理校法是“自行断案”，朱子之注解都能说出道理来，于是问题来了：朱子所断之案、所言之理，是古人原义还是朱子自行发挥之义？

这不是说秉持着遵循原义的理念，就解出的一定是原义，从不在其中加入自己理解。换句话说，自己不理解，恐怕也解不出来。

如果必然得有自己的理解，那么古人原义占比多少？在原义基础上自己发挥又占多少？很难定这个比例，有时高，有时低。

再举个例子：著名的公案，旧本《大学》首句“大学之道，在明明德，在亲民，在止于至善”，朱子便断“亲”为“新”。

这在训诂上或可成立，但“亲民”从此一变而为“新民”，朱子注，新者，革其旧之谓也。问：是古人原义否？亲民与新民，含义发不发生变化呢？

为什么王阳明不同意将旧本之“亲”改为“新”？

体会这个例子，再去读象山诗“真伪先须辨古今”，汝能知否？

（9）再破泼在象山身上的污水（诞妄）。

这又一盆污水是什么呢？古代，“陆子静云：‘六经皆我注脚。’又云：‘六经注我，我注六经。’则诞而妄矣。”① 现代，或认为象山“六经注我”是“其视读书之重要，不如朱子”，或认为“六经注我”，是科举制度的反动②，以读书为名利工具。此外还有“负气自傲”“目空一切”等许多种说法。

批象山“六经注我”诞而妄者，自己是个妄人却不自知。

析理如下：

其一，古经籍有不必注之理。

古文经籍（广义）就在那里，看得懂就懂，暂时看不懂，慢慢体会。

如果通过别人的注释你觉得懂了，你懂的可能不是经籍原义，而是注释者之义。你以为你懂的是古籍，其实你可能懂的只是“注解”。

象山云：

> “人心有消杀不得处，便是私意，便去引文牵义，牵枝引蔓，牵今引古，为证为靠。”③

为古经籍作注解时，“私意”是很难避免的，并不是说注解者要故意歪曲，而是注解者自己的理解，便是“私意”。如朱子这般集大成者，已经是其中最好的那个了，其注解都难免出现许多争议。象山又云：

> “子亦见今之读谈经者乎？历叙数十家之旨而以己见终之。开辟反覆，自谓究竟精微，然试探其实，固未之得也，则何益

① 钱大昕. 十驾斋养新录新注［M］. 上海：上海书店出版社，2011：356.

② 韦政通. 中国哲学辞典［M］. 长春：吉林出版集团有限责任公司，2009：187.

③ 陆九渊. 陆九渊集［M］. 钟哲，点校. 北京：中华书局，1980：458.

哉？"①

象山说的"今之"还是指宋代谈经者，彼时学者，学固未精，至少还算是诚恳的。发展到21世纪之知识分子，你若看他们的注解，先须考虑的不是"何益哉"，而是"何害乎"。

你若以"注解"为资粮，误入歧途矣。还不如不读书，那你至少还是一张白纸，而不是被污染成废纸。以《论语》为例：

何晏的《论语集解》，集了孔安国、包咸、周氏、马融、郑玄、陈群、王肃、周生烈，再加上何氏自己，9家注解。

皇侃的《论语集解义疏》，主要是疏何晏，复所集28家，有熊埋、贺扬、王弼、张冯、王肃、顾欢、梁冀（即梁觊）、沈居士、颜延之、沈峭、王朗、殷仲堪、张封溪、秦道宾、琳公（即释慧琳）、太史叔明、季彪、缪协、虞喜、苞述、陆特进、褚仲都、江长、刘歆、庚翼、樊光、范升、蔡克，并皇氏为29家。

此外，还有31家注解《论语》者：虞翻、谯周、崔豹、盈氏、孟整、尹毅、孔澄之、虞退、徐邈、卢氏、阳惠明、许容、曹思文、释僧智、陶弘景、徐氏、司马氏、张凭、应琛、曹毗、庚亮、王濛、张隐、郗原、王氏、姜处道、范庭、张略、刘炫、徐孝克、张冲等。

以上魏晋南北朝及以前。至唐代，据《唐书·经籍志》和《新唐书·艺文志》记载，唐代的注家有王勃、戴诜、贾公彦、韩愈、张籍，凡5家，皆佚②。宋代因为有朱子，读朱子《论语集注》与邢昺《论语注疏》就够了。

近代以来，有程树德《论语集释》、刘宝楠《论语正义》、杨树达《论语疏证》、钱穆《论语新解》、赵纪彬《论语新探》、杨伯峻《论语译注》、黄怀信《论语汇校集释》、孙钦善《论语注译》、李泽厚《论语今读》、南怀瑾《论语别裁》、金良年《论语译注》等，其中以程、钱、杨氏为佳。

此外，尚有两万四千多种近现代知识分子翻译《论语》的印刷品（今之读者须知，"印刷品"不等于"书"），各种打着《论语》

① 陆九渊. 陆九渊集［M］. 钟哲，点校. 北京：中华书局，1980：471.

② 李零. 丧家狗：我读《论语》［M］. 太原：山西人民出版社，2008：35.

旗号的校注、选注、改编、纠错、商榷、图说、心解、诤言、撷英、批注、诵读、通译、细读、述真、正名、析义、精读、注音、修辞、札记、原解、诠释、外编、精讲、辨惑、仑读、节选、镜像、感悟、精粹、基础、辑释、类读、评注、教读、训鉴、误解、勘正、助读、导读、译释、解读、指要、释解、问答、正宗、精解、新编、故事、发现、解说、全解、今译、新诠、新注、新读、素读、重构、我读等等。此数万种，不胜枚举，优点皆是印刷精美。

象山说："引文牵义，牵枝引蔓"，象山又说："开辟反覆，自谓究竟精微"，象山还说："今之论学者只务添人底，自家只是减他底，此所以不同。"① 当读者陷在这海量般"添人"的精解、新读、释义互相抄袭或意见纷争里，满眼星星时，大概便可明白象山所言了。

问：你读书是为了什么？是为了人生，还是为了皓首穷经？

我们修桥、铺路，目的是"远方"，而不是修桥、铺路本身。若是不能去向远方，只终日沉迷于修桥、铺路，则是倒置了本末，于是修桥、铺路本身，便相应地丧失了其真正的目的与意义。

象山看到这许多弊端，如此，象山不去重复、加重这弊端，即不去"我注六经"，是不是可以明白了点儿？

其二，读古经籍碰到不晓处应该怎么办？

一般人的固有思维，读古经籍碰到不晓得、不明白的文字，要去弄明白。这没错。

但如何去弄明白，基本上错了。因为一般人都不是"自己"弄明白，而是去查看"权威""专家"怎么说，然后将"权威"的答案记下来，便算是所谓弄明白了。

三大弊：首先，这"权威"不见得一定解得对，无论他顶了多大头衔。

其次，你背下了权威答案，便丢了最重要的东西：你自家的切身体会——这才是捡了芝麻，丢了西瓜。

最后，你觉得自己已经搞到了答案，便不会将此处定义为"难关"，如此，便不会在心中反复涵泳、揣摩——这"难关"，明明是

---

① 陆九渊. 陆九渊集［M］. 钟哲，点校. 北京：中华书局，1980：401.

你领悟、提升、进阶、登堂入室的机会，却自己轻轻放过了。

而这“难关”，绝不仅止于字义或注释。象山云：“读书固不可不晓文义，然只以晓文义为是，只是儿童之学，须看意旨所在。”

因此，那些陷入文字、训诂而不能自拔，以此为业者，以为必如此格物方能致知者，可称玩物，难言有志，当思明道批谢良佐之“玩物丧志”。

象山云：

> “今之学者读书，只是解字，更不求血脉。”①

象山又云：

> “凡物必有本末，且如就树木观之，则其根本必差大。吾之教人，大概使其本常重，不为末所累。然今世论学者却不悦此。”②

如此，象山不去“我注六经”，绝大多数学者“不悦此”，是不是又可明白一些？

其三，如果不去找权威答案，可是自己又确实想不明白，那怎么办？

关于这个问题，象山仔细讲解过：

首先，

> “读书不必穷索，平易读之，识其可识者，久将自明。”③

久将自明——那些暂时不懂的地方，会在将来慢慢懂得。

其次，如果你的疑惑是：久将自明？凭什么呀？为什么呀？

象山云：

---

① 陆九渊. 陆九渊集［M］. 钟哲，点校. 北京：中华书局，1980：444.

② 同①：407.

③ 同①：471.

“先于易晓处沉涵熟复，切己致思，则他难晓者涣然冰释矣！”①

这是象山经验之谈，亦是某自家经验。

第一步，将你明白的那些地方，沉涵熟复。第二步，切己致思。即用自己的眼界、学养、阅历、挫折、万里路去体会。俗话讲“书读百遍，其义自见”，俗语，通常都是有道理的，否则它没法一代代流传至今。

再次，如果你的疑惑是：怎么知道自家的体会是对的呢？

象山云：

“紧便不是，宽便是；昏便不是，明便是。”②

换句话说，体会与猜测是有很大区别的。当你切己致思若有所得，但自疑，觉得未必对、不敢说一定对的时候，这便不是体会，而是猜测。当你觉得“哦，原来是这样！”——这种就是体会了，便是对的了。

然后你想，沉涵熟复，切己致思，这两步哪个需要你去“我注六经”？如果都不需要，那你放着直线不走，去绕那么大个弯作甚？为了得到一个“学问家”“注解家”的名头吗？

如此，象山不去“我注六经”，是不是更可明白一些？

其四，读古经籍是为了什么？

是为了借助古圣先贤之智慧，让自己的人生有长进、有所得。这是人跟动物的区别。

象山虽说“六经注我”，却不是不读圣贤书，他自述：“某何尝不读，人读书不知此后，煞有甚事。”又且，象山心学乃“因读孟子而自得之”，那些讥象山不读书的，将此视而不见，乃大放厥词。

动物一代又一代，会将远祖的生存经验通过血脉、本能遗传下来，鸟欲安居则会筑巢，兽欲吃饭则会捕食，到交配期自动就会散发气味……而人的智慧，不是这样靠遗传被动即可得到的。因此我

---

① 陆九渊. 陆九渊集［M］. 钟哲，点校. 北京：中华书局，1980：407.

② 同①：458.

们得主动去学。这读书、这学的目的，是自己有所“得”——自得。

因此象山云：“自得，自成，自道，不倚师友载籍。”

当你通过读古经籍，沉涵熟复、切己致思，便自然会有所得。从一位圣贤言语中有所得，即“一经”注我，因为你这所得，即圣贤欲传给后辈之智慧。随着你读得多了，视野愈加开阔，切己致思也在不断加深，所得越来越多，即“六经注我”。

如此，象山曰：“六经注我”，只是个“自得”，是不是明白一点了？

其五，读古经籍只是为了得些“智慧”吗？

古人云：“汉书可以下酒”，汉书尚算不得经籍，属于史部。可以下酒什么意思呢？读到痛快处，共鸣之情感、情绪无以宣泄，幸好有酒，此即古人“当浮一大白”也。

在你已经沉涵熟复、切己致思比较多的基础上（初期不灵），你读古籍，是会为其中圣贤某句言辞、某段言语、某个形象所触动的。这一触动，便会产生共鸣。虽然你不必一定去找酒，但是，你会随着这份共鸣，或血脉偾张，或怅然惋惜，或茅塞顿开，或顿生知己。

啥叫共鸣？一时觉得这话说到我心坎里去了，一时又觉得我怎么说不出来这样的话。于是会有感叹、倾羡、喜爱、崇拜等多种情感交织。此即左宗棠所谓“神交古人”。

共鸣多了，一则时间必然久了，二则情感交织的次数也多了，会发生什么？——你会爱上他（爱，广义，诚挚的情感。不专指男女恋情），如周敦颐，便爱了莲（《爱莲说》）。

凡你跟他有共鸣的点，其实皆是与你自身禀赋相契合的点。

这样共鸣的点越来越多，你与他相重叠的部分便越来越多。重叠的越多，你便越来越像他。重叠到极多，你便成了他。而现实生活中，你其实还是你，不是他。只不过，你变成了与他一样的人啊。因此到最后，你爱上的那个，其实便是未来的自己。

如此，你便可称“上接某位圣贤”。你便可理解象山一生本领，“因读孟子而自得之”——所以，你知道象山会越来越像谁了吧？

你亦可明白，为什么“人皆可以为尧舜”——尧舜，不过是所有圣贤的代指。别管你倾羡、喜爱上的是哪位圣贤，你都会越来越像他，到极处，直至成为一个跟他一样的人啊。而这个人，实际上也就是未来的你自己。

如此，象山曰："六经注我"，你是不是又能明白一些？

因为古经籍里比比皆是圣贤行为、言语，而"我"，是跟他们一样的人啊。你就会知道象山是自信的，但又是谦虚的，并不是后世某些人按自己阴微心思所揣度的怪诞、狂妄。因为他只说"六经注我"，而没有说"六经是我"，已经留了进步的余地了。

其六，如果达不到这么高的境界怎么办？

上一段的论述，道理是通的，但或许不是每个人都能达到，因为即便在现实生活中，亦不是所有人类都懂得"爱"。不怕，象山还有办法。

> "须是打叠田地净洁，然后令他奋发植立；若田地不净洁，则奋发植立不得。古人为学即'读书然后为学'可见。然田地不净洁，亦读书不得；若读书，则是假寇兵资盗粮。"①

为什么你会怕达不到高境界？因为心田不净洁，但未必自知。

但所谓"打叠田地净洁"，其实还是个不易明白的境界，仍有点高。于是象山云："须是有志读书，只理会文义，便是无志。""人惟患无志，有志无有不成者。"

用这个"志"，是可以将田地打叠净洁的——岂不闻"志向高洁"乎？

志向高洁的"洁"，便是田地打叠净洁的"洁"。如果都引导到这儿了，你还不明白什么是立志？怎样立志？那你再听这振聋发聩的一句：

> "立是你立，却问我如何立？"②

我把我立的志讲给你，没有用啊。"你"的志，怎么能是我立？怎么能是我帮你立、我替你立？那"你"却在何处？只听过借钱的，

① 陆九渊. 陆九渊集［M］. 钟哲，点校. 北京：中华书局，1980：463.

② 同①：443.

没听过借“志”的。

回到前述的一些问题：为什么自得、自成、自道，“不倚”师友载籍？为什么要“先立乎其大”？为什么要沉涵熟复、切己致思？这些都是一环扣一环的。如果你已经开始沉涵熟复、切己致思了，难道还不明白：切己即是志！

切己，即是志。

立志难吗？不难。只不过有的人，终生也做不到罢了。就像有的人，终生也不懂、不会“爱”一样。

而你若明白“切己”即是志，便明白“六经注我”即是志。

而“我注六经”却不是志，只在“愿望”之层级，一如某些知识分子将自己当作知识之附属，求知识即是其“人生”之鹄的，能叫志吗？你说这是人家的“愿望”，可以。若称“志”，则属于不知何者为“志”也。

以上许多总结起来，便是讲象山为何不去“我注六经”，而自称“六经注我”。

象山云：

“吾之学问与诸处异者，只是在我全无杜撰。”①

什么叫全无杜撰？古文经籍就在那里，我去予以增、删、改、易，便是杜撰。那些“我注六经”者，严格审视起来，多数对于经籍外示以尊重之名，其实质，却行的是不甚尊重之事（它有学“术”之意义，同时，亦有妨“道”之功效）。

泰山只是泰山。

管理部门以“开发”之名，在泰山上开山建室、修桥铺路、整顿枝叶，因此泰山不再是本来的泰山，而只能叫旅游胜地。

然后，现代旅游者，去看的还是泰山吗？非也。

现代旅游者名义上说是去看泰山，其实看到的却是碧霞元君庙、五大夫松、玉皇顶日出、十八盘……这些叫人造景点，如何能叫“泰山”？（庙、松、日、盘如何能叫泰山？）

---

① 陆九渊. 陆九渊集［M］. 钟哲，点校. 北京：中华书局，1980：400.

管理部门固然为游客建立了一个更容易登山、更便于拍照的环境，就像“我注六经者”给了读者一个更容易读懂、更便于理解的“注解”，可你看的是泰山吗？泰山已然被各种“景点”遮蔽了。

既然你看的不是泰山，那么即便你拥有800张景点照片，却又如何“小天下”？

我注六经，必有“私意”，难得其“实”；我注六经，陷于“解字”，而易失“血脉”；我注六经，是放着直线不走，徒然绕个大弯。反之，若我读书能“自得、自成、自道”，便是“六经注我”；若我能切己致思，与圣贤共振共鸣，成为跟他们一样的人，便是“六经注我”。

“六经注我”既是志，也是学，更是自得自成之道，亦是与天地并的“人”之境界——孔子曰：“我欲仁，斯仁至矣”（孟子曰：“仁，人心也”）——简易直接否？而不是我欲仁，先去注六经。

二、象山与明道

横渠、明道、阳明三者之中，象山与明道最相近（《程氏遗书》为二程弟子所记述，后由朱子编定，二程基本理念大同而小异，语录中二人之言语杂混一处，必有未能截然区分者。故行文中，或以明道曰，或以遗书曰，知者其谅）。

所相近者四：一曰“先”，二曰“大”，三曰“存”，四曰“内”。

所大不同者一：“天理”与“人心”。

（一）曰“先”

明道最核心思想在他的《识仁篇》。

“学者须先识仁。仁者，浑然与物同体，义、礼、智、信皆仁也。识得此理，以诚敬存之而已，不须防检，不须穷索。若心懈则有防，心苟不懈，何防之有？理有未得，故须穷索。存久自明，安待穷索？此道与物无对，大不足以明之。天地之用皆我之用。孟子言‘万物皆备于我’，须反身而诚，乃为大乐。

若反身未诚，则犹是二物有对，以己合彼，终未有之，又安得乐？《订顽》意思，乃备言此体，以此意存之，更有何事？‘必有事焉而勿正，心勿忘，勿助长’，未尝致纤毫之力，此其存之之道。若存得，便合有得。盖良知良能元不丧失。以昔日习心未除，却须存习此心，久则可夺旧习。此理至约，惟患不能守。既能体之而乐，亦不患不能守也。”①

《识仁篇》第一句：“学者须先识仁。”② 须，乃必须也。

身为学者，最紧要之事不是“学”，不是“道问学”，不是“格物”，亦不是“致知”，而是“识仁”。所谓“学”“道问学”“格物”“致知”等，都不可排在第一位，不可为“先”。

我们再看象山自述曰：

近有议吾者云：除了“先立乎其大者”一句，全无伎俩。吾闻之曰：“诚然。”③

所有枝叶、伎俩都可有可无，但以立其大者为“先”。象山之“大”者、明道之“仁”者，必在学之“先”。

（二）曰“大”

《程氏遗书》曰：“所见所期，不可不远且大。”④ 象山曰：“先立乎其大者。”此即知道者，所见略同尔。

明道说：“学者须学文，知道者进德而已。”——此中即明确区分了学者与知道者之分别。而已、而已，知道者，必高于学者可知。

象山说：“纵某不识一字，亦须还我堂堂地做个人。”象山这“不识一字”，必然不是学者，亦不求为学者，“堂堂地做个人”——进德、经德“而已”。

而朱子所谓“格物致知”“道问学”的路，反而或是明道并未

---

① 程颢，程颐. 二程集［M］. 王孝鱼，点校. 北京：中华书局，1981：16-17.

② 同①：16.

③ 陆九渊. 陆九渊集［M］. 钟哲，点校. 北京：中华书局，1980：400.

④ 同①：21.

认可的。

《程氏遗书》中说得极为清晰：

“学文之功，学得一事是一事，二事是二事，触类至于百千，至于穷尽，亦只是学，不是德。有德者不如是。故此言可为知道者言，不可为学者言。”

这里面三层转进，其一，格物致知，只是学，不是德。

其二，有德者不如是。

其三，可为知道者言。

为何不可为学者言？一事、二事、百千事犹如一叶、二叶、百千叶，一叶可障目，二叶、百千叶、无穷叶，恐非障目的问题了，而是盲。问“道”于盲的盲。

通俗地讲，学而致知，当然好于不学无术、懵懂无知。但是学而致知，并非最好。学者，境界必低于知道者。

学者最所当思者在于：你“学”，是为了什么？

孔子曰：“吾十有五，而志于学”，志学，志学，所学即所志，所志乃所学。

“学者”而无志，其实不可谓学者矣，不过两脚书橱罢了。因此象山说：“学者需是有志读书。只理会文义，便是无志。”

程子说“不可不远且大”，象山说“先立乎其大”，大者，志也。故孟子曰：“学问之道无他，求其放心而已矣。”

又，孔子曰：“行有余力，则以学文。”①

此“学文”，当以“余力”为之，而非主力、主业。

此“学”之地位，当排在“行”后。

何谓“行”？孝悌、谨信、爱众、亲仁等。以德而行，是谓德行（甲骨文“德”即直“行”）。

因此象山说：

“志道、据德、依仁，学者之大端。”②

① 杨伯峻．论语译注［M］．北京：中华书局，2005：4-5.

② 陆九渊．陆九渊集［M］．钟哲，点校．北京：中华书局，1980：434.

学者之大端，是学知识吗？显非。若只以求知识、求真相（truth）（亚里士多德所谓 Plato is dear to me，but dearer still is truth）为荣、为目的，则可称为存储了某学科知识的移动硬盘，实不可谓之“学者”也。

若能如象山所言“纵某不识一字，亦须还我堂堂地做个人”，则“学”的目的已经达到了，故子夏曰：“虽曰未学，吾必谓之学矣。”①

那么，你“学”，是为了什么？

（三）曰“存”

明道《识仁篇》中有语“识得此理，以诚敬存之而已，不须防检，不须穷索。若心懈则有防，心苟不懈，何防之有？”

明道自许上接孟子，这“存之而已”，即源自孟子之“存其心，养其性，所以事天也。”② 关于“存”这一点，象山最重要的一句话是：

> 存养是主人，检敛是奴仆。③

明道所言“不须防检”，与象山言“检敛是奴仆”，意思相近，只是象山言语更深一层。

“存养”与“检敛”是相对的两种修行进路。懂得“心”需要“存养”者，是“内求”“自立”者，是有“心”的，此“心”非外铄也，自生自成之，所谓“自作主宰”，然后方知：“一是即皆是，一明即皆明。”

不甚懂得“心”须“存养”者，是“外求”“非自立”者，其实是无“心”的。因为无“心”，便要去外铄，以图由外在规矩从而描摹出个“仿心”之物。

在孟子“存其心”这“存”之一点上，明道与象山颇相近。但

---

① 杨伯峻. 论语译注［M］. 北京：中华书局，2005：5.

② 杨伯峻. 孟子译注［M］. 北京：中华书局，2016：334.

③ 陆九渊. 陆九渊集［M］. 钟哲，点校. 北京：中华书局，1980：450.

是象山更通透，而明道却有稍许含糊与混淆。此亦是象山认为“伊洛诸公，得千载不传之学，但草创未为光明”之故。略示如下：

《识仁篇》：“识得此理，以诚敬存之而已，不须防检，不须穷索。若心懈则有防，心苟不懈，何防之有？”

这段文字，具有以下几层含义。

第一层含义，明道认为要先识“此理”，然后以诚敬“存”之。

这是明显的、明道自家的“理学”立场，并非孟子立场。

孟子说“存其心”，并不是在说“以诚敬存之”。

什么是“存其心”？是操存舍亡之存，所谓“存其心”，真实意思乃让自己的心存在，而不消亡。让心在，而非心不在焉。

“存其心”，被明道换成了“以诚敬存之”之“理”。

第二层含义，明道认为的“存”，应以“诚敬”为之。

此“诚敬”又是明道自家的“理学”立场。到朱子时，已认定“敬之一字，乃圣门第一义”。这“敬”，跟孟子又有些距离。

象山则并不以“诚敬”，而是以“发明”为之。

此心，若得复明、生发，则“一是即皆是，一明即皆明”。知“心”者，必知“发明”较之“诚敬”，更为熨帖。

心之一物，易得易失（不易得亦不易失），但并不脆弱。

第三层含义，明道认为“不须防检，不须穷索”，这与象山是一致的。

第四层含义，明道认为“若心懈则有防，心苟不懈，何防之有？”后半句无误，前半句却有所含糊了。

“心苟不懈，何防之有？”——心是“内生”的，不是“外求”的。贼自城内来，则高筑墙之向外防守有何用？因此说“何防之有”。

“若心懈则有防”，这前半句略有未安。若心懈，不是“有防”，而是“亡之”。心在，象山“一是即皆是，一明即皆明”，不须防。心不在，却向哪里设防？

操存舍亡，不是说你“懈”也好，“不懈”也好，心都在那里。操存舍亡，说的是若你“懈”了，心会“舍而亡之”。心亡，则贼过楼空，满目疮痍，哪里还有什么“防”？

第五层含义，明道《识仁篇》此段言语，其实等于交代了、指认了“理即心”——此与象山“心即理”，暗合。

明道并未细辨、细言“心”为何物，此是因为他自己的根脚在“理”。若“心苟不懈”，则理即心，即“若反身未诚，犹是二物有对，以己合彼，终未有之，又安得乐”？

明道此一句乃是反着说的，若是正说，就是：“若反身而诚，则二物为一，先识得，后以诚敬存之，此为‘反身而诚’，乃为大乐。”

对于明道的“识得此理，以诚敬存之”，实需思考两个问题：其一，用什么去“识得”？其二，“存”在哪儿？能想到这两个问题，便知他为何“理即心”。

用耳目之官去“识得”吗？将识得的这个“理”，用“诚敬”存之，存在四肢？存在内脏？存在骨骼？存在血液？存在毛发？

如果都不是，那么用什么去识得呢？识得了又存在哪里呢？

另：此只是讲，明道与象山在“理即心”“心即理”方面有相近之处，并非说“理即心”“心即理”就是对的。理是理，心是心，境界高明者，二者量值可相等，却终为二物。所谓量值相等，是可以说理=心，但却非“理即心”。

通俗地讲，“=”是什么意思？“=”两边之物，量值是相等，但不是一物。甲=乙，二者量值等同，但甲不是乙。

譬如“曹冲称象”，曹冲用等重的石头巧妙地称出了大象的体重，于是石头重量=大象重量，但石头不是大象。

明道的“理即心”，是偏于理学立场，未曾着力于“心”。象山的“心即理”，则更似对理学的一种调和说法。

（四）曰“内”

向“内”求，是因为没有外心，只有内心。关于向“内”求，根脚在孟子之“非由外铄我也，我固有之也”。

象山曾作譬喻：

> “某平日与兄说话，从天而下，从肝肺中流出，是自家有底

物事，何尝硬把捉。”①

又告学者曰：

> “女耳自聪，目自明，事父自能孝，事兄自能弟，本无欠阙，不必他求，在自立而已。”②

上述所谓“自家有底物事”“不必他求”，皆为向“内”求的阐释也。

象山为心学，向“内”求是题中应有之义。而二程之理学，却也谈“内”求。

《程氏遗书》有言：

> “尝喻以心知天，犹居京师往长安，但知出西门便可到长安。此犹是言做两处。若要诚实，只在京师，便是到长安，更不可别求长安。只心便是天，尽之便知性，知性便是天，当处便认取，更不可外求。”③

“只心便是天”“当处便认取，更不可外求”等，可谓明道与象山相近。

明道极清晰地讲：

> “穷理尽性以至于命，三事一时并了，元无次序，不可将穷理作知之事。”④

——此“不可将穷理作知之事”，亦以此辄知，朱子所谓“格物致知”其实并非明道之进路。朱子之理念，或多与伊川相合，而与明道之间，则时有不如象山之相近者。

此种明道以“理”学，与象山“心”学相近、暗合处，尚有诸

① 陆九渊. 陆九渊集［M］. 钟哲，点校. 北京：中华书局，1980：443.

② 同②：399.

③ 程颢，程颐. 二程集［M］. 王孝鱼，点校. 北京：中华书局，1981：15.

④ 同③：15.

多要点，复兹举一二。

象山曰：

“东海有圣人出焉，此心同也，此理同也。西海有圣人出焉，此心同也，此理同也。南海北海有圣人出焉，此心同也，此理同也。千百世之上至千百世之下，有圣人出焉，此心此理，亦莫不同也。”①

明道曰：

“尧、舜知他几千年，其心至今在。”②

因此朱陆鹅湖之会，象山吟出真知、卓见之“斯人千古不磨心”，朱子不曾认可，但明道若在，却是会认可的，因为他知道“其心至今在”。

又，象山曰：“宇宙便是吾心，吾心即是宇宙”，被全盘西化之近现代知识分子搞笑一般地强解成西方所谓“宇宙论”（universe、cosmology 之流）。而我们看明道如何讲：“仁者，以天地万物为一体，莫非己也。”③

什么是“莫非己也”？己，就是“自己”呀。什么是自己呀？就是“人”哪。什么是“人”呀？有“心”哪。若无心者，草木竹石、飞禽走兽之属矣。

明道复曰：“认得为己，何所不至？若不有诸己，自不与己相干。”

“不与己相干”有何害处呢？便如手足痿痹为不仁，“气已不贯，皆不属己”——中医有语“麻木不仁”，是指肢体麻木、没有知觉。所谓痿痹，即对外界刺激已无反应、肌无力、瘫痪之症也。

明道之天地万物莫非“己”也，跟象山之“吾心即是宇宙”，其义相近（但仍有不同），说得再明白不过了。天地万物莫非己、吾

① 陆九渊．陆九渊集［M］钟哲，点校．北京：中华书局，1980：483.

② 程颢，程颐．二程集［M］王孝鱼，点校．北京：中华书局，1981：96.

③ 同②：15.

心即是宇宙，居然被那些西化知识分子，以西方“宇宙论”来强解，为啥说他们搞笑呢？——真是风马牛不相及也。

(五)“天”理与“人”心

世人多以朱、陆为异，而朱子私淑伊川，伊川又从明道。朱子理学之“理”，并非自创，乃是从师门继承而来。象山之“心”，却是自得。因此真正应该对标的，其实不是象山与朱子，而是明道与象山。

因为明道之“理”，跟象山之“心”一般，也是自得。

明道与象山皆曰上接孟子，但实质上二者亦是自开山门的那个。就仿佛我们评价开国君王，应以嬴政对标刘邦，而不是对比于汉武帝刘彻，哪怕刘彻比刘邦更能开疆拓土。不是说只着眼于朱、陆之异同不可，而是宋以后，对于明道与象山之异同，研究得较少，理学的开山之祖明道，却在“理学”“心学”之讨论中，被不恰当地有所忽略了。

为什么说有所忽略了呢？是学者潜意识里以为朱子作为集大成者，便可以成为“理学”之代表人物，又且，后世科举，皆以朱子之章句集注为准绳。

然而，朱子只私淑伊川而已，伊川又自认不及明道，伊川大关节处尊明道，分枝处、细处却屡有不同。朱子即便能代表伊川，却未必能将明道一并代表之。

举个例子：就像周伯通与王重阳是师兄弟，武功极相近，但周伯通的弟子，却未必可以代表王重阳啊。更进一步，周伯通的弟子亦未必可以代表全真派呀。

因此，若欲比较全真派与古墓派的武功，则应将王重阳与林朝英对比，岂不是要将郭靖（周伯通传给郭靖九阴真经、空明拳、左右互搏）与林朝英对比更为合理、恰当些吗？如果你觉得郭靖跟周伯通学武之前，已经跟其他人如江南七怪者学了一身本领，那朱子私淑伊川之前，不也是从学于刘子翚、胡宪、刘勉之、李侗等人吗？

顺此理言之，若将明道与象山相衡，得下许多细功夫，亦非本书之方向，留待后学或某自家什么时候再有兴致罢。此处只以某以为至关重要的一句，令我来思：

明道清楚无误地表达过：

“吾学虽有所受，‘天理’二字却是自家体贴出来。”①

后世只谈朱子“理”学，却将至关重要的“天”字给扔掉了。

理之在天，故曰天理；心之在我，故曰吾心（吾心即是宇宙的吾心）。此即为明道与象山之核心同、异处。

明道此语，最重要的节点是“天理”。却被后世常常省略了“天”。在明明“‘天理’却是自家体贴出来”，已经完整表达意思的情况下，明道为何加上“二字”来强调？此谓不可省略也。如果明道只说：“天理却是自家体贴出来”，则省略“天”或情有可原，但在明道已经强调了“二字”之后，还要强行省略“天”，则为扭曲。

理与性相类，故可称“天性”“天理”。而天本无心，因此“天心”一语便不成立，只能“人心”。要知道，即便为了简略，将“天理学”只缩称为“理学”之时，人们也不应忘记，是隐含着“理即天理”之义的——别忘了明道此语里的“二字”。

明道此语，次重要的节点是“自家”。以此“自家”，有别于“人家”“别人家”“他处”，这是明道的得意之处，他并不是从别人家听来、看来、抄来、学来的，而是“自家”体贴出来的。

什么是“自家”？自家就是我自己嘛，对，就是“我”！那再看一遍：理之在“天”，故曰天理；心之在“我”，故曰吾心。

试问：若无“自家”，“天理”自是“天理”，而汝不明、不识、不得见，与汝何干？若没有“我”，“天理”自是“天理”，祂周流运转，而“我”不知、不觉、不曾体会，“天理”与我何干？

为什么讲明道此语，有两个重要节点，一曰“天理”，二曰“自家”？重要的事情说三遍：理之在“天”，故曰天理；心之在“我”，故曰吾心。

象山曰：

“人之所以为人者，惟此心而已。”②

① 程颢，程颐. 二程集［M］. 王孝鱼，点校. 北京：中华书局，1981：424.

② 陆九渊. 陆九渊集［M］. 钟哲，点校. 北京：中华书局，1980：76.

此句之中，“心”字可替换成“理”字吗？不可。此亦是前述象山“心即理”恐怕是对理学的折中调和语之缘由。

明道与象山，所同、所异，显矣夫哉。

三、象山与横渠

横渠为学，苦心孤诣，精思力践，《宋元学案》评价：“气魄甚大，加以精苦之工”①，故卓然而成大家，后世谓之关学或“气”学，实为儒门宗师级人物。然而亦因其气魄甚大，自任甚重，高处过高，故难免如全祖望所言“间有未当者”。

而横渠论“心”之处，便约略存此“间有未当者”。盖横渠以“气”或“太虚”为本论，而“心”为旁涉，故其关于“心”的界定、内涵等言语亦有若干，只是其中恐难免偶有未能圆转无隙者也。此所以被张岱年评价为：“张氏所说（关于“心”）过于简明，未能构成明确的理论。”② ——其实不是烦琐的才叫理论，横渠讲“心”已然构成了明确理论，有来龙，有去脉。只是未安而已。

（一）大其心则能体天下万物

横渠谈到“心”时，在《正蒙·大心篇》中劈头第一句，曰：

“大其心则能体天下万物。”③

——为什么大其心，便能体天下万物呢？

答案则在《正蒙·太和篇》中，因为：

“造化所成，无一物相肖者，以是知万物虽多，其实一物。”④

① 黄宗羲. 宋元学案［M］. 全祖望，补修. 北京：中华书局，1986：777.

② 张岱年. 中国古典哲学概念范畴要论［M］. 北京：中华书局，2017：221.

③ 张载. 张载集［M］. 章锡琛，点校. 北京：中华书局，1978：24.

④ 同③：10.

这个“大其心”，与象山“先立乎其大”，相近者在于“大”。所相远者，在于横渠是“使心大起来”“使知觉大起来”，而象山是立志。

横渠是使“人”去迎合、去贴近、去感悟万物，而象山则主宰在“我”。

横渠是“万物实为一物”。也就是说，大其心则不会一叶障目，得见万物本体为一，即“气”。

而象山则是“儒者以人生天地之间，灵于万物，贵于万物，于天地并而为三极。天有天道，地有地道，人有人道。人而不尽人道，不足与天地并。”① ——从人道立场，人与万物有别，是高于万物的。

（二）上接庄子还是上接孟子

横渠是“万物实为一物”，象山则是“人灵于万物，贵于万物”。

因此在此一点上，横渠与象山之差异，追根溯源，即庄子“万物与我为一”与孟子“万物皆备于我”之差异。

庄子之“万物与我为一”，重心在“一”。孟子之“万物皆备于我”，重心在“我”。其中精微之别，不可不察。

晓得了“万物皆备于我”之重心在“我”，“我”自做主宰，仍不足够。尚有“备”字难解。

备者，历来注疏皆难言熨帖，或者不细察而轻轻放过。这个字就是中国文化中需要“得意忘言”的那种了。“备”的甲骨文为盛放箭支之器，古字自金文后，写作“備”，有一“人”旁。到现代简化字时期，方才将“人”旁取消，因此，孟子用的就是“備”字，这个“人”旁很重要（备于人，无人则不备）。

之所以说“备”属于需要“得意忘言”这种，是因为“备”很难用现代语言翻译，一译就丢失意蕴。勉强为之，则应以数义项相加、相合。

一义为存有，即荀子“圣心备焉”之备。

---

① 陆九渊. 陆九渊集［M］. 钟哲，点校. 北京：中华书局，1980：17.

一义为准备，即韩非子“事异则备变”之备。

一义为器具，即《广雅》“备，具也”之备，备原本就是盛箭之篓。此义会意为我之“身”可盛“万物”，因为“万物皆备于我”原文的下一句即是“反身而诚”（象山“万物森然于方寸间”）。

一义为全面，即《周易·系辞》“广大悉备”之备。此义与“皆备于我”之“皆”相会意，表完全的而非部分的。

以此四义相合，或可勉强算是孟子之“备”所表达之意蕴。但最难的还不是这里，最难的是：万物的“什么”备于我，以及为什么备于我。

横渠以儒门宗师之身份，在这一点（与万物之关系）上却受了庄子的衣钵。因此在《太和篇》第一段，便“不如野马、絪缊，不足谓之太和”，而所谓野马，出自《庄子·逍遥游》：“野马也，尘埃也，生物之以息相吹也。”①

横渠认可了庄子之“万物与我为一”，方才能在《西铭》中断言：“予兹藐焉，乃混然中处。”

这个“藐焉”，又是庄子思维。可参见《庄子·德充符》之“眇乎小哉，所以属于人也”。又，《庄子·秋水篇》之“自以比形于天地，而受气于阴阳，吾在于天地之间，犹小石小木之在大山也”②。

庄子认为“以有涯随无涯，殆已”，而孟子却是“尽其心者，知其性也，知其性则知天矣”，又“夭寿不贰，修身以俟之，所以立命也”。庄子于天道中看人，故曰渺曰小；孟子却是在“与天地并”之人道中看人，故曰大曰立。

庄子因曰渺曰小，故曰殆；而孟子因曰大曰立，故曰知。

因此，承接了一部分道家庄子思想的横渠，至少在“心”上，与承接了儒门亚圣孟子的象山相较，确难称醇。因此横渠谓：“心所以万殊者，感外物而不一也”③；与之相对的，象山却谓：“此心同，此理同。”

---

① 李安纲. 道教三经［M］. 北京：中国社会出版社，1999：2.

② 同①：294.

③ 张载. 张载集［M］. 章锡琛，点校. 北京：中华书局，1978：10.

在心学视野看来，并无万殊。万殊者，非心也。万殊者，失心也。失心者，虽直立行走，有的似牛马，有的似狼豺，有的似虫豸，有的似草木竹石。观众人之形于外，而不察其内，便易误以为万殊。

形之于外者，确实众生而百态。譬如世人见奸、懒、馋、滑、坑、蒙、拐、骗、吃、喝、嫖、赌等，便妄言“人性恶”。此非“性”恶，乃“形”恶。性，却不是众人之外在表现，须察其内。因此，象山云：“尧之知共工、丹朱，不是于形迹间见之，直是见他心术。”

象山自己也是这般践履，如：学者求见，象山每言中其情，或至汗下。亦有未见者，相去千里，闻其大概而能尽得其为人。概能深知学者心术之微，此可曰“察心知人”。其自道曰：

> “必以形迹观人，则不足以知人；必以形迹绳人，则不足以救人。”①

（三）“心”从何来

横渠除了上述“大其心则能体天下万物”之外，尚有若干旁涉“心”之语，其中有两句至关重要，一句是“合性与知觉，有心之名”②（《正蒙·太和篇》），一句是“心统性情者也”③（《性理拾遗》）。前一句是说心之由来，后一句是说心执掌之范畴。

先说这头一句“合性与知觉，有心之名”。

《正蒙·大心篇》复有：“心，故思尽其心者，必知心所从来而后能。”④ 横渠认为，要想尽其心，必须得先知道心所从来，然后方能尽心。因此，横渠要去确定，这“心”何所从来？如果连“心”之所从来尚且不知，那如何去“尽其心”？

而关于“心”之所从来，横渠的结论是：

---

① 陆九渊. 陆九渊集［M］. 钟哲，点校. 北京：中华书局，1980：489.

② 张载. 张载集［M］. 章锡琛，点校. 北京：中华书局，1978：9.

③ 同②：374.

④ 同②：25.

“由太虚，有天之名；由气化，有道之名；合虚与气，有性之名；合性与知觉，有心之名。”

——此言正正说反了。

前述横渠思想之核心为“气”“太虚”，故“虚空即气”，是他绝大部分思想发展、衍生、推论的出发点。但是，“心”却并非以“虚”“气”为出发点。

那么，我们看看孟子怎么说：

一曰：思。

孟子曰：“耳目之官不思，而蔽于物。物交物，则引之而已矣。心之官则思，思则得之，不思则不得也。”

此处之难点，在于“官”。现代译本多袭从杨伯峻，将之译为“器官”，谬矣。

“官”，应有二义，以二义相合，则不失意蕴。

一义曰事。官，犹事也，各得其事。郑玄注《礼记·乐记》：“天地官矣”①。清焦循《正义》注：“官、职义皆为事，故云位有官职之事。事以位别，名以事起，司某事则以某官为名。”② 以听之事，名耳；以视之事，名目；以思之事，则名心。

二义曰司。官之为言司也。耳司听，目司视，各有所职而不能思，是以蔽于外物③。此“司”义，实与上一义“事也”一脉相承。因司某事，则称某官。因司听，则称耳；因司视，则称目；因司思，则称心。

心之所司之事为思，若不思，则相当于不司、无事，而“事以位别，名以事起”，若心不司、无事，则不得其名也。换句话说，那心就不应叫心。也就是“无”心。因此，象山曾云：“心官不可旷职”，旷职，即是不司、无事，即不可称为心。

二曰：养。

孟子曰：“故苟得其养，无物不长；苟失其养，无物不消。孔子

① 宗福邦，陈世铙，萧海波. 故训汇纂［M］. 北京：商务印书馆，2003：567.

② 焦循. 孟子正义［M］. 北京：中华书局，1987：724.

③ 朱熹. 四书章句集注［M］. 上海：上海古籍出版社，2002：14.

曰：‘操则存，舍则亡；出入无时，莫知其乡。’惟心之谓与？”①

心，操则存，舍则亡。而按横渠所言，心之所由来在于“太虚”或“气”，则与操存舍亡略有矛盾之处。

因为横渠之“太虚”或“气”，是常在的，是不灭的，是不失不亡的。所谓“气坱然太虚，升降飞扬，未尝止息”——如此，既然未尝止息，则难以解释为何这一脉而相沿之“太虚”“气”“天”“道”“性”等，个个皆常在，而由此而来之“心”，却会“亡”？

又，孟子说心，是“出入无时”的，横渠之心所从来，心之源头的“太虚”“气”“天”“道”“性”等，都是常在、必有的，不可时而或缺，亦没有哪个有“出入无时”之特征。如此，亦难以解释为何这一脉相沿而来之“心”，却为何独独“突变”出此特征？

三曰：仁。

孟子曰：“仁，人心也。”经德，即有人心。人心，是人自有的。并非天地给予的。“非由外铄我也，我固有之也，弗思耳矣。”

在横渠最著名的四句教中，“为天地立心，为生民立命，为往圣继绝学，为万世开太平”，这第一句“为天地立心”，便有两个问题需要晓得。

一是，天地本来有心无心？二是，谁为天地立心？

既说到“为天地立心”，全盘西化的现代知识分子又跑来用西方思维进行“学术性”新诠、新释了，第一步“物质的世界是没有思维的，人的脑子是物质组织的最高形式”，第二步“脑子的活动是思维”，第三步“人为万物之灵，灵就灵在他能思维，他的心”② 云云……

冯友兰这种表达，通过语言技巧，模糊地将脑子=思维，而思维=心，然后便可推导出：脑子等同于心了。如此，则为天地立心，即可相当于：为天地立个脑子——令人哭笑不得。

对中国思想稍有了解，便知“心是无形”的，而脑子，是有形的。将有形的脑子通过一个词“思维”作桥梁，视若与心等同，实在是一种“无脑”之行为也。

---

① 杨伯峻. 孟子译注［M］. 北京：中华书局，2016：291.

② 冯友兰. 冯友兰谈哲学［M］. 北京：当代世界出版社. 2006：433.

然而，近现代知识分子这种按照“西方的价值系统、观念框架、问题意识，甚至话语体系”对我国思想、文化进行各种编排、改造的方式，已经肆虐了百年。并且早已垒出一个面目可憎之门槛，将种种诸如宇宙论、道德哲学、工夫论、伦理学说、精神旨趣、知识论、多重维度、务虚论、本体论、宇宙观、生生伦理学、主观化演进、二元论、三元论、朴素唯物主义、教育哲学、政治哲学、宗教哲学、自然秩序、道德价值，等等，美其名曰“学术”。然后以这个西方语境之门槛，将广大的普通中国人挡在了祖先遗泽之外。即前文所述，中国人若欲学习自家祖先的思想，要先去西方哲学体系里绕个大弯——此诚可一叹！

言归正传，天地本来有心无心？答曰：无。

横渠自己也说：“天本无心，及其生成万物，则须归功于天，曰：此天地之仁也。”因此，即便是在横渠的思想中，心也是人所独有的，而天地甚至都是没有的。

那么，谁来为天地立心？答曰：人。

人为什么能为天地立心？因为人有心，所以可推己及天。

因此，这个“心”，并非由“太虚”“天”“气”“道”等悬空之高处而来，而恰恰反之，是由人而来，然后推己及天——并非由天而降，反而是自下而上。此可视之曰反哺。

此即为前述横渠的结论是“由太虚，有天之名；由气化，有道之名；合虚与气，有性之名；合性与知觉，有心之名”——是正正说反了的缘由。

（四）性由道起，人由德来

然而，此又涉及一个类似鸡生蛋，还是蛋生鸡的问题，即，天生万物，人亦是天生地养，心虽是人推己及天，那人又何所从来？

人是天生地养，天地有大德曰生，生生不息的生，天若无此德，人亦不得而生，因此，人乃秉天之“德”而生。但是天有天道，人有人道。故天之德曰生，而人之德不同于天，人之德曰仁。人以思识仁，则生心。以仁操持存养，则此心常在。此心常在，而不泯不亡，则可仰不愧于天，俯不怍于地。俯仰无愧天地，人不负万物灵，则天人合“德”。及横渠“为天地立心”，此心又可反哺于天，依然是大人合德。

此之谓：性由道起，人由德来。

因此，《诗·大雅·烝民》曰：“民之秉彝，好是懿德。”而孔子对此诗的评价是：“为此诗者，其知道乎！”

另：横渠“由太虚，有天之名；由气化，有道之名；合虚与气，有性之名；合性与知觉，有心之名”这一段是反的，但若将前半部分拿掉，只看“合性与知觉，有心之名”，却说得又不对而又对。只是此别是一种进路，已非“心”学进路（亦非理学、气学进路），故不在本书铺展开来了。

又，在整个国民教育、学科体系皆照搬西方的模式下，现代中国人之思维习惯，已非中国之习惯，而是被培养成了西方之认知、观念框架。因此，见“人由德来”，或觉虚而不实，难以理解。

然而，现代以物理、化学视角之人类诞生的诸多假说，如进化论、细胞说、次元说、能量说、基因说、海洋说、海陆双祖复合说、外星说、高维生命制造说，等等，其实亦无一得以证“实”。因此，每种假说都有其引领者与信众，各执一词，完全无以达成共识。时至今日，亦不过仅仅停留于“假说”之层级。假说如何“实”？

更进一步，所谓物理学，是物之理吗？非也。是人赋予物之理。是人对于物或物物关系之解释。现代科学哲学、技术哲学之学科，每谓“科学是发现，技术是发明”，乍听起来似有道理，然而这一归纳、表述是有问题的。

科学跟技术一样，也是发明，并非发现。

若科学是对于物或物物关系之发现，则一经发现，便应从此不移不易，这才叫发现。我们判断水是“就下”的，水无不“就下”，这叫发现。若有一天水亦“就中”“就上”“忽就忽不就”，则“就下”之理论，便只是人类对于水的某种“解释”，并非水之本性——因此便难以将某种“解释”称为发现。

那么，物理学理论呢？从牛顿到爱因斯坦，从爱因斯坦到玻尔、薛定谔、海森堡，物理学理论移不移？易不易？

科学跟技术一样，也是发明，并非发现。所以某说是“人赋予物之理”（西方近代科学并未走类似中国格致的“经验”的路，而是“假定成立”的路——这条路起始处最简单的走法即是反经验、反直觉而已——所谓假定成立，即是发明。另：“经验”的路，对人类而言，是安全的、渐进的；而“反经验之道而行之”，确实造就了近代科学理论的飞跃，仿佛打开另一片天地，但对人类未来而言，未必是安全的，见仁见智罢）。说技术是发明，现代人容易接受，技术是停滞、静止的吗？是不是在不停地修正与改进？所谓科学理论，是不是也在不停地修正与改进？那为何科学与技术二者，特征皆为不停地修正与改进，而技术就是发明，科学就不是？

若明科学并非发现，也是跟技术一样的人类发明，则可知所谓物理学，并非“物”之理，而是“人”赋予物之“解释”。难道只是因为此类多种“解释”，在谈“物”“物质”，便是“实”吗？那它一旦涉及“反物质”时，便是“虚”？

前问：假说如何“实”？此问：解释如何“实”？似不言可自明也。

而现代人能理解各种“假说”，亦能理解各种“解释”，以如此之高的理解能力，为何独独对“人由德来”这种纯粹的、明显的中国文化思维、语言难以理解呢？怪哉。

（五）“心统性情”之误

横渠“心统性情者也”一句，实在相当激进。

单看这一句，横渠比象山更似孟子“心学”之传人。不只捍卫“心”之地位，甚至不惜拔高“心”之境界。然而，横渠生平，终究不是“心学”路径，因此“心统性情者也”这一句很激进的话，便难以拳拳视之，而是由于激进，使得结论显得略粗率、粗疏了，细思实有不安之处。

为什么说“心统性情者也”实在相当激进而有不安之处呢？

所谓“统”，兼也，总括也，如统一。更进一步，还有统帅、统摄、主管之义，如统兵十万。因此，所谓“心统性情者也”，是说“心”将“性”“情”二者囊括，并且统摄之。

然而，“心”确实是囊括并统摄了“性”和“情”吗？恐非。

如要解开这不安，实应“心知性、生情者也”。

打个简单的比方，“性”者，相当于“心”的知音好友，俞伯牙与钟子期，二者地位是平等的。“情”者，则约略相当于七个葫芦娃（七情也），是“心”（似葫芦娃的那个爷爷）所生或所养的。

首先，性之在天，即《尚书》所谓“不虞天性”，而心之在我。

并且，性与心虽为二物，但二者在量值上却相等，故可“友”之，而难以“统”之。

又且，循德而行、知善而进，主动权固在“心”，但“心”与“性”之关系在于“循”“知”，而非“统”。正如知音、知心之好友，并非居高临下地命令（统）他成为我朋友，而是对等地、平等地去“知”音、“知”心，才成为好友。

因此孟子曰：“尽其心者，知其性也”——好友，是要去“知”而非去“统”的。前圣之言，真难易一字矣。

其次，再来看“心”“情”之关系。

我们试看“心”旁的若干文字：

惯、忆、憾、悦、怡、忧、怯、懒、惊、愤、怕、憎、懦、恸、怖、悯、惕、惘、惧、懊、恼、憧、憬、感、恕、怒、恋、慈、悲、惑、恐、忘、愁、恙等。

此中除感、悟等寥寥几个外，大体皆可视为“情”。这些字若离了“心”旁，则难为“情”。

是故，“心”在，则“情”在。心不在，则是欲非情。

如此，则统帅、统摄之“统”，使心如将帅，而情如士兵，便不妥，因为将帅即使不在，即使被更换，士兵仍然是士兵。

“心”确实能控制“情”，但“心”能控制“情”是因为纪律性的“统帅”“统摄”吗？岂不闻“情难自禁”乎？若是只如统兵一般的统帅、统摄，对于“情”而言，恰恰有些“无情”了。（又且，有个成语“虚情假意”，若是虚情，心是否也能“统”呢？或者，虚情时心还在不在呢？）

所谓“心”能控制“情”，恰恰是因为“心”与“情”二者之间“有情”，即“情理之中”。爷爷能让七个葫芦娃听话，不是因为爷爷具有管理、统兵之将帅才能，而是因为七个葫芦娃是爷爷所生所养。

此之所以心生情者也。结合上两点，则横渠之“心统性情者也”

便略生硬、激进了些，使有不安处。而若“心知性生情者也”，则似更熨帖。

朱子不认可象山心学，但却对横渠“心统性情者也”一句大为夸赞。认为：“横渠心统性情之说大有功”①。以及“横渠心统性情一句，乃不易之论”②。此或朱子对“心”的理解与横渠同等境界，而低于象山。

若再结合朱子曾讲：“虚灵自是心之本体，非我所能虚也”“神明不测，至虚至灵，是甚次第”“心官至灵，藏往知来”“然心之本体未尝不善，又却不可说恶全不是心”“心虽是一物，却虚”“心之全体湛然虚明”③ 等语——此中所谓“神明不测”“至虚至灵”“湛然虚明”等语辞里，却似反而透露出一股较浓郁的佛教语之味道。

朱子学问根脚在小程子之“理”学，对于孟子、象山“心”学似终究有隔膜。试看朱子论心，恐怕是朱子未必知“心”，对“心”亦似无自家之体贴、体会。但由于学力强、学识渊博，而从其他路径“学”了过来、强行进行某种理解。

之所以认为朱子对“心”难有自家之体贴、体会，是因为朱子说的“心统性情”，是横渠能说者，朱子说的“至虚至灵”是禅宗亦能说者，而横渠、禅宗所说不到之处，朱子似亦不能说之。

例如，朱子接着横渠“心统性情”之说，再次对其进行了阐释：“性是未动，情已动，心包得已动未动。盖心之未动则为性，已动则为情，所谓心统性情也。”④ ——此语是学者的“推理”之语，却不是自家“体会”之语。

分析、拆解、推理、判断，与体会之间有如天堑，今之学者已不知矣。

推理之语，乍看头头是道、皆似有理，若不懂者，便易认可，即外行看了个“推理”的热闹。而若是有所体会者，则直视这“推理”，字句皆令人辗转、未安（分析推理可以知识，未可知道）。

---

① 黎靖德. 朱子语类：卷五［M］. 北京：中华书局，1986：91.

② 黎靖德. 朱子语类：卷一百一［M］. 北京：中华书局，1986：2555.

③ 同①：82-98.

④ 同①：93.

朱子说“心包得已动未动”，这个“包”字便不很妥当。前述所谓“统”，兼也，总括也，如统一。朱子所用“包”字，便是兼包、包括之义。

心统性情=心包得已动未动，其弊有二：

(1) 这是将心划定范畴。

心统性情，即心之所涵盖范畴大于性、大于情。因为心包得已动未动，甚至亦可理解为心之范畴=性+情。即便单从“范畴”讲，便错了，心并不大于性，心与性的量值是等同的。

(2) 这是用“分析”的方法，通过所谓“范畴”，将心、性、情误认作死物。

2=1+1，是因为2、1、1只是数字，是死物。心、性、情皆是活生生的，难以通过简单相加而得之。举个简单例子，尸体=五脏+四肢，活生生的“人”却不可仅如此以五脏、四肢简单相加。分析、范畴之类推理，本来就是尸体解剖学之方法，可以用于若干学科，难以用于天人相合之中国思想文化。

朱子又说“盖心之未动则为性，已动则为情，所谓心统性情也”，这是硬把捉。其中“为性”“为情”之“为”字，同“包”字一般令人不安。

其一，心之未动则为性，谬矣。

孟子曰“尽心知性”——“心”若连动尚且未动，如何去“尽”？又如何能“知”性？“尽”与“知”，皆需动。这种纯由分析、推理而来的打叠文字、摆弄辞章功夫，只能停留在文字打叠罢了，恐非真知。

又，心之未动，寂然不动者，极易流入坐禅入定、“心寂然不动如虚空”的佛教思想体系。朱子早期出入释老，或不免受其影响。

如朱子在《存斋记》中认为心之本体，“人之所以位天地之中，而为万物之灵者，心而已也。然心之为体，不可以闻见得，不可以思虑求。谓之有物，则不得于言；谓之无物，则日用之间，无适而非是也。君子于此，亦将何所用其力哉？必有事焉而勿正，心勿忘，勿助长，则存之之道也。”① 这全段话大部分是对的，只是个杂，杂

① 朱熹. 朱子全书［M］. 上海：上海古籍出版社，2002：3698.

而不醇的杂。然后在大部分的正确里，藏着一句话的马脚，以此或可知，他对活泼泼的“心”恐未有真切之体会。

这句话便是“不可以思虑求”。我们看孟子怎么说——孟子曰：“心之官则思，思则得之，不思则不得也”，而朱子却认为“不可以思虑求”，此与孟子、与儒家恐怕是相违背的，而显然偏于佛教那种空悬、虚无、不测、寂灭心的。

其二，“心”无论动还是未动，都不会“为情”。

“心”无论怎样动，也不会“为情”。心是心，性是性，情是情，三者之间颇有牵涉与关联，但却不是能够互相转化的关系。

前文打过比方，“性”者，相当于“心”的知音好友，俞伯牙与钟子期，二者地位是平等的。“情”者，则约略相当于七个葫芦娃（七情也），是“心”（似葫芦娃的那个爷爷）所生或所养的。俞伯牙一直保持不动如山，也不会成为钟子期。爷爷走来走去、动个不停，也不会成为葫芦娃——此即朱子“为”字之大不安。

性之在天，故曰天性，并非由“心之未动”而来。情由心生，故曰心情，亦并非心之已动则为情。

其三，若真如朱子所言“心之未动则为性，已动则为情”，那么，一个巨大的黑洞出现了：不动为性、动则为情——性、情或者在，但“心”哪里去了？

须知，心，只问自己在不在！心在焉，或心不在焉。

若心在，无论心动也好，心不动也好，心都是心，只是心，并不会变成、化为别的什么东西。情固由心生，但如母生子，母只是母，子只是子，母子是俱在的，并不是母生了子，母便已动则“为”子也。

“心”是自作主宰，甚至是自然。你只能直认之，而不能拐着弯去体认（拐着弯去，又叫作分析，而不能叫体认），因此象山要“先立乎其大”。

若必须依靠如“性、情”之类的别物，才能拐着弯去认识“心”，则你认的那个必然不是“心”——只是象山所称“硬把捉”。

宁向直中取，未可曲中求。

四、象山与阳明

（一）雄才此心光明

王阳明被称为“千古三完人”之一，相对于其他大思想家之“立德”“立言”外，他还有“立功”。其他思想家一般向下兼容教育家、文学家等，而阳明比别人更多一个：军事家。

《明儒学案》载：“阳明十八岁，过广信，谒娄一斋，慨然以圣人可学而至。登弘治己未进士第，授刑部主事，改兵部。逆瑾矫旨逮南京科道官，先生抗疏救之，下诏狱，廷杖四十，谪贵州龙场驿丞。谨遣人迹而加害，先生托投水脱去，得至龙场。瑾诛，知庐陵县，历吏部主事、员外郎、郎中，升南京太仆寺少卿、鸿胪寺卿。时虔、闽不靖，兵部尚书王琼特举先生以左佥都御史巡抚南、赣。未几，遂平漳南、横水、桶冈、大帽、浰头诸寇。己卯六月，奉敕勘处福建叛军。至丰城而闻宸濠反，遂返吉安，起兵讨之。宸濠方围安庆，先生破南昌，濠返兵自救，遇之于樵舍，三战，俘濠。武宗率师亲征，群小张忠、许泰欲纵濠鄱湖，待武宗接战而后奏凯。先生不听，乘夜过玉山，集浙江三司，以濠付太监张永。张永者，为武宗亲信，群小之所惮也。命兼江西巡抚。又明年，升南京兵部尚书，封新建伯。嘉靖壬午，丁冢宰忧。丁亥，原官兼左都御史，起征思、田。思、田平，以归师袭八寨、断藤峡，破之。先生幼梦谒马伏波庙，题诗于壁。至是，道出祠下，恍如梦中。时先生已病，疏请告。至南安，门人周积侍疾，问遗言，先生曰：‘此心光明，亦复何言？’顷之而逝，七年戊子十一月二十九日也，年五十七。”①

黄宗羲这段描述阳明生平之文字相当简洁，然而用字有力，其中颇有引人拍案者，可以下酒。“未几，遂平漳南、横水、桶冈、大帽、浰头诸寇。”——“未几”很好，遂平诸寇，不过是阳明牛刀小试锋芒。

“三战，俘濠”，彼时宁王朱宸濠蓄谋多年、叛乱而兴大兵，而

---

① 黄宗羲. 明儒学案［M］. 沈芝盈，点校. 北京：中华书局，2008：179-180.

阳明一“闻”此事，即“讨之”。这个“讨之”，并非阳明手握大军，而是临时募兵。“宸濠方围安庆，先生破南昌”，此是阳明巧施围魏救赵之计。宁王果然中计回救，阳明摧其锋于正锐，宁王筹划多年，不过三十五天，叛乱便被阳明平定，宁王本人亦被俘虏——其间多少挑灯看剑处，多少惊心动魄事，化为区区四个字：三战，俘濠。

此后，征思、田，则思、田“平”；袭八寨，则八寨“破”。阳明之锋，锐不可当。

阳明一生纵横，左文右武，皎皎其言行，煌煌其事功。及至临终，“此心光明，亦复何言”——八个字所展现出的大思想家之湛然境界，真令无数后学心向往之。

（二）认“诚”去“敬”

阳明是个诚恳人，他格物而无所得入之时，是勇于承认不得其门的。因此大家都知道他格竹子把自己给格的病倒了。

阳明说：“凡学问之事，一则诚，二则伪。”

阳明一生，也秉持了这“诚”，并以此“诚”，与朱子之“敬”相区分。

朱子认为：“敬之工夫，乃圣门第一义”①，而阳明则以为不然。阳明说：“以‘诚意’为主，便不须添‘敬’字。”此涉及阳明“疑朱子《大学章句》非圣门本旨”之公案。

蔡希渊问：“文公《大学》新本，先格致而后诚意工夫，似与首章次第相合。若如先生从旧本之说，即诚意反在格致之前，于此尚未释然。”先生曰：“《大学》工夫即是‘明明德’，‘明明德’只是个‘诚意’，‘诚意’的工夫只是‘格物致知’。若以‘诚意’为主，去用‘格物致知’的工夫，即工夫始有下落。即为善去恶无非是‘诚意’的事。如新本先去穷格事物之理，即茫茫荡荡，都无着落处，须用添个‘敬’字，方才牵扯得向身心上来，然终是没根源。若须用添个‘敬’字，缘何孔门倒将一个最紧要的字落了，直待千余年后要人来补出？正谓以‘诚意’为主，即不须添‘敬’字。所

---

① 黎靖德. 朱子语类：卷十二［M］. 北京：中华书局，1986：210.

以举出个‘诚意’来说，正是学问的大头脑处。于此不察，真所谓毫厘之差，千里之谬。大抵《中庸》工夫只是‘诚身’，‘诚身’之极，便是‘至诚’。《大学》工夫只是‘诚意’，‘诚意’之极，便是‘至善’。工夫总是一般。今说这里补个‘敬’字，那里补个‘诚’字，未免画蛇添足。”①

阳明以其“诚”，故能不自欺，故能“知行合一”。

（三）一是与渐进

阳明与象山相近之处颇多，如象山“先立乎其大”，阳明“杀人须就咽喉上着刀”。后世以“陆王”合称之，是二者路径相同。

二人相近之处，历来总结多有。今只说阳明与象山之差异处。

阳明虽捍卫、守护、发扬心学，然其一生为学方式，却非“心”学式，而是渐进式的。与象山“先立乎其大”并不同。

象山是直中取，而阳明会心所得，却是曲中求。

此观阳明年少时，遍读考亭遗书，格竹而被疾（病倒了），无所得入；十年后因无所得，沉郁久而旧疾复发；复出入释老久之（求养生）。此中曲折艰难非一言可尽之。

是故，真正从秉赋、天资言，阳明是弱于象山的。

象山八岁于有子“支离”处起疑，十三岁得“吾心即是宇宙”、得“简易”，此后一生不移不易。而阳明“龙场悟道”时，已三十七岁。

因此，象山“因读《孟子》而自得之”，劈破旁门，直入宝山——此谓直中取。而阳明之自述却是：“某于此良知之说，从百死千难中得来”②，个中无数曲折——此谓曲中求。

（四）教人

由于阳明与象山得“心”的方式并不同，因此二者教人之方式亦不同。

象山教人的方式是心学的，而阳明却是以理学的方式传心学之

---

① 陈永注. 传习录素解［M］. 广州：中山大学出版社，2017：129.

② 王阳明. 王阳明全集（4）［M］. 北京：线装书局，2016：1725.

内容，在教人的方式上，他与朱子更类似。

何以谓之呢？朱子理学的教学方式，是逢一命题，遍析其理，然后掰开了、揉碎了，明明白白地讲给你听，若你不懂，便可再而三，亦可换个角度重新讲，以使你能够懂得。因为这本就是“理”学，正是要讲“理”——一事一物、万事万物，一惑一知、百惑百知，皆如此。

阳明之教人，掰开了、揉碎了之处相当多，可谓苦口婆心，此所以说以理学的方式传心学之内容。而象山呢？试看：“近有议吾者云：除了‘先立乎其大者’一句，全无伎俩。吾闻之曰：‘诚然’。”

象山自认“诚然”“全无伎俩”，是因为象山不能明理、析理，将道理讲出来，且讲得鞭辟入里吗？显然不是。

试看象山去朱子白鹿洞书院讲“君子喻于义，小人喻于利”一节，讲得座中“至有流涕者”，讲得朱子将象山《讲义》勒石而刻之，亲自作跋“有以切中学者隐微深痼之病”，能说象山不能明理、析理，将道理讲出来、讲得鞭辟入里吗？

看象山与朱子一生往来论辩，无论是面谈还是书信来往，其思虑之深、明辨之微、词锋之锐，在某看来，一直是略占上风的。当然，最少也可以说二者分庭抗礼，用钱穆话说，叫“平分江汉”。

那么为何象山自认“除了‘先立乎其大者’一句，全无伎俩”？

象山平日对门人、弟子也不是全然不讲，只是应事、点拨而已。因为心学与理学不同，心学进路不是要你将道理听之、闻之、视之、辩之，而是要体认。

别人讲给你的道理、写给你的道理，你都听明白了、看明白了，于心学而言，只是辅助，略有小补。“心”之学，不在耳目口舌（象山跟其他思想家迥然不同，不著书——非不能也，不为而已），只要个体认。

“先立乎其大”，已经放这里了，若你自家体认不得，便再给你掰开了、揉碎了又讲上数十万言，于事何补？于心何益？这续貂之哓哓万言，除了形成遮蔽，或说不定哪句解释反而让你误入歧途，实并无更多益处。

象山“斯人千古不磨心”，心一直在啊。明道也说：“其心至今在！”阳明去世前也说“亦复何言”！你不体认此心，反而要通过所谓“分析”“拆解”“旁征”“博引”去明白此心，那你明白的就不是“心”。

（五）人道还是天道

阳明晚岁提出著名的四句教：“无善无恶心之体，有善有恶意之动，知善知恶是良知，为善去恶是格物。”

阳明门下两大弟子钱绪山、王龙豁甚至为此四句教而意见相左，争议起来，阳明并未直接说破，只是“利根人”与“其次”将二者调和。要二人以近乎相反之意见，“正好相资”“相取为用”。

并要求门下弟子：“以后与朋友讲学，切不可失了我的宗旨。”亦有作“再不可更此四句宗旨”者。什么宗旨呢？“无善无恶心之体，有善有恶意之动，知善知恶是良知，为善去恶是格物。只依我这话头随人指点，自没病痛。”①

这段言语，某以为象山恐未必会赞同。

前述，阳明虽捍卫、守护、发扬心学，然其一生为学方式，却非“心”学式，而是渐进式的。这一点阳明与象山颇不同，象山自得、自成、自立后，核心理念终生不移不易。阳明之学问却精进之姿，而随年龄增长，其自身理论前后细微处常有不同。

便如从“知行合一”，到“致良知”，再到“四句教”一样，阳明关于“心之体”的思考，亦有细微变化，他不是力劈华山直接得到的“无善无恶心之体”。

从“心无体，以天地万物感应之是非为体”，到“学者欲为圣人，必须廓清心体，使纤翳不留，真性始见”。

“廓清心体”，相当于承认心有体，从“心无体”，到“廓清心体”，此为一重思想变化。

从“学者欲为圣人，必须廓清心体，使纤翳不留，真性始见”，到“至善者心之本体。本体上才过当些子，便是恶了”，此为一重思想变化。

从“至善者心之本体”，到“心之体，性也”，此又为一重思想

---

① 王阳明．传习录［M］．叶圣陶，点校．北京：中国致公出版社，2018：197.

变化。

“廓清心体，真性始见”，“至善者心之本体”，这是孟子“尽心知性”“性善”的路，由“心”而“性”，大体无病。由“心”而“性”没有问题，但“心之体，性也”，却似走得有些激进了。性之在天，心之在我，急于将心与性相融合相转化，至少孟子、象山未言至此，亦未言可至此。

走到“心之体，性也”的阳明，自然会“心即天，言心则天地万物皆举之矣”；又说“心即道，道即天，知心则知道知天”——此反而与二程子之理学相暗合，明道曰：“天者，理也”，阳明之“心即天”“天即道”，便流入“天者，道也”。

“心即天”与“心即道”，并不是一重思想变化，只是与“心之体，性也”同一层级的不同阐释与说法。此时阳明已然不再区分天、人。我们说天人合德，是天之德在生，人之德在善，二者以德相合。阳明这一步天人合一，却是说心即天，其实便是人即天。这个思维惯性，跟他的“知行合一”，知即是行，行即是知，也是相吻合的。

象山认为：“以人生天地之间，灵于万物，贵于万物，于天地并而为三极。天有天道，地有地道，人有人道。人而不尽人道，不足与天地并。”① 象山站得稳稳的，是“人之道”的立场。

而走到“心之体，性也”“心即天”的阳明，逐渐却站了“天之道”的立场。因此，阳明又从“心之体，性也”，走到了他晚年的四句教：“无善无恶心之体”。

天地有大德曰生，却不是按照羞恶、是非、恻隐、辞让之心有所判断、有所筛选、有所意图、有所喜好而生。在生之大德上，天地是一视同仁的。故天体无以善恶言之，即可曰无善无恶。

因此，到阳明晚岁，已经认定“心之体，性也”“心即天”“心即道，道即天”，就难免会说出“无善无恶心之体”。此为以天言之，而非以人言之。

故此，某以为象山未必会同意阳明此言。因为象山云：“见到孟子道性善处，方是见得尽。”而阳明之所以走到“无善无恶心之体”，恐怕还有一处未勘明，即善、恶并非对举，恶是依善而生者。

① 陆九渊. 陆九渊集［M］. 钟哲，点校. 北京：中华书局，1980：17.

象山云："有善必有恶，真如反覆手。然善却自本然，恶却是反了方有。"① 而阳明对善恶却是认为"故善恶只是一物"②。

五、从"词中之龙"辛弃疾看朱陆之异

陆学后人与朱学后人各以自身所学之立场相攻讦，容易陷于意气、门户之争，而不能尽诩公正。

而朱、陆当时，却有一位中国人尽皆知之名人，"词中之龙"辛弃疾，与朱子相交为友（被《朱子大传》称为朱辛双子星座③），亦与陆子神交久。辛弃疾既不属心学，亦不属理学，作为一个旁观者，他对朱陆之评价，或者可以予人一些启发。

再加上某深喜其"天地清宁高下，日月东西寒暑，何用著工夫"，所以宁愿于此处有所流连、铺陈。

(一)《水调歌头》"唤起子陆子"

稼轩词中有《水调歌头·题吴子似县尉瑱山经德堂。堂，陆象山所名也》词，词云：

唤起子陆子，经德问何如。
万钟于我何有，不负古人书。
闻道千章松桂，剩有四时柯叶，霜雪岁寒馀。
此是瑱山境，还似象山无。

耕也馁，学也禄，孔之徒。
青衫毕竟升斗，此意政关渠。
天地清宁高下，日月东西寒暑，何用著工夫。
两字君勿惜，借我榜吾庐。

《安仁县志·人物志》："吴绍古字子似，通经术，从陆象山游。

① 陆九渊. 陆九渊集［M］. 钟哲，点校. 北京：中华书局，1980：400.
② 王守仁. 传习录校释［M］. 萧无陂，注释. 长沙：岳麓书社，2020：153.
③ 束景南. 朱子大传［M］. 北京：商务印书馆，2003：906-917.

授承直郎，荆湖南路提举茶盐使干办公事。”① 所谓“从陆象山游”，即可判断吴绍古乃自认象山门人弟子。

这个“游”，在现代是“游览”“游泳”等义，在古代，其义为“求学”。可参看《墨子·公孟》篇：“有游于子墨子之门者”；又，《孟子·尽心上》：“游于圣人之门者难为言”等。

吴绍古为稼轩好友，多有往来，稼轩郁郁不得志，罢官闲居瓢泉时，吴绍古是其过从、酬唱最多者。瑱山，即安仁县玉真山，所谓瑱，合玉真二字也。

瑱山还在稼轩予吴子似的其他词中出现过，如《浪淘沙·又送吴子似县尉》：

“金玉旧情怀，风月追陪。扁舟千里兴佳哉。不似子献行半路，却棹船回。

来岁菊花开，记我清杯。西风雁过瑱山台。把似倩他书不到，好与同来。”

象山曾在《经德堂记》中言道：“云锦吴生绍古，远来从余游，求名其读书之堂，余既名而书之，且为其说，使归而求之。”②

稼轩此词作于1198—1200年（庆元四年至六年），当时他正罢居瓢泉。而象山1193年（绍熙四年）已去世，故开篇曰“唤起子陆子”。

子：乃对象山之尊称。古人称师曰子，于其上冠姓氏。《公羊传》隐公十一年：“子沈子”注：“沈子称子冠氏上者，著其为师也。不但言子曰者，辟孔子也。其不冠子者，他师也。”③ 吴子似，曾从陆象山学，故“陆”前冠“子”字。

“青衫毕竟升斗”，与上阕“万钟于我何有”之义相呼应。升斗，针对万钟。清宁，老子曰：“天得一以清，地得一以宁。”

词换头“耕也馁，学也禄，孔之徒”，用《论语·卫灵公》：“君子谋道不谋食。耕也馁在其中矣，学也禄在其中矣。君子忧道不

① 徐汉明. 辛弃疾全集校注（上）［M］. 武汉：华中科技大学出版社，2012：101.

② 陆九渊. 陆九渊集［M］. 钟哲，点校. 北京：中华书局，1980：236.

③ 朱德才，薛祥生，邓红梅. 辛弃疾词新释辑评［M］，北京：中国书店，2006：1115.

忧贫。”仍取“谋道”“忧道”之意。结句“两字君勿惜，借我榜吾庐”，表示自己亦以“经德”二字明志①。

（二）《感皇恩》“闻朱晦庵即世”

稼轩有《感皇恩》词，词题“读《庄子》，闻朱晦庵即世（即离世）”，悼朱子云：

> 案上数编书，非庄即老。
> 会说忘言始知道；万言千句，不自能忘堪笑。
> 今朝梅雨霁，青天好。
>
> 一壑一丘，轻衫短帽。
> 白发多时故人少。
> 子云何在？应有《玄经》遗草。
> 江河流日夜，何时了。

稼轩与朱子之间，有近二十年友谊，二人早已互相闻名，初识似在1182年（淳熙九年），相携同游南岩。此后，多有同游、相约、往来，哪怕是朝廷正值“庆元党禁”，将朱子打为“伪学魁首”之际，辛弃疾仍与朱子保持密切联系。

辛弃疾尝同朱熹游武夷山（二者皆主管过武夷山冲佑观），赋《九曲棹歌》[绍熙四年（1193年）春]，熹书“克己复礼”“夙兴夜寐”，题其二斋室②。

所谓“庆元党禁”，据《宋史》卷四百二十九，宋代有名的权臣韩侂胄当政，士大夫阶层中有何澹、刘德秀之徒，首称“道学”为“伪学”，太常少卿胡紘、前御史刘三杰等人为之鼓呼，进而将“道学”中人定为“伪党”“逆党”，右谏议大夫姚愈论“道学”之士结为死党、窥伺神器等，于是当时的官场风气攻“道学”甚急——进而，有人上书乞斩朱熹。

---

① 邓乔彬. 第五届宋代文学国际研讨会论文集 [M]. 广州：暨南大学出版社，2009：108.

② 脱脱，等.（简体字本）二十六史·宋史卷：367卷431 [M]. 长春：吉林人民出版社，1995：8475.

随后，韩侂胄一党订制《伪学逆党籍》，将朝中道学之士一扫而空，尽皆罢官、充军、远谪、编管。时有道学之士死于谪途、死于寓所、死于郁郁，甚至死于毒药。此后经年，一批道学中人受此打击，抑郁忧愤中纷纷丧命离世。此后的科举考试，试卷稍涉儒门经训、义理便遭排黜，就连儒学最基本的六经、《论语》《孟子》都被打成禁书①。因发生于宋宁宗庆元年间，史称“庆元党禁”。

一直到朱子忧愤之中病逝，韩党仍担心朱子巨大的影响力，而下令禁止学生们送葬。就是在这样的情况下，辛弃疾仍为文往哭朱子曰：“所不朽者，垂万世名。孰谓公死，凛凛犹生！”给予了朱子极高的评价。

（三）《水调歌头》与《感皇恩》的指向

辛弃疾与陆九渊之间，虽偶通书信，如《与辛幼安》，但似素未谋面。辛、陆之间单论交情，显然是不如辛弃疾与朱子的交情好。然而，稼轩对象山，似更为惺惺相惜。

首先，“两字君勿惜，借我榜吾庐”，此中“两字”，指的是经德堂的“经德”二字。吴绍古求学于象山时，求象山为其读书之堂取名，象山乃名而书之（《经德堂记》）。

要知道，此时稼轩书斋其实是有题辞的，即“熹书‘克己复礼’‘夙兴夜寐’，题其二斋室”。前文有述，稼轩想借象山“经德”二字榜其庐，是在 1198—1200 年（庆元四年至六年）。而朱子已给稼轩二斋室题辞，是在约五年前，1193 年（绍熙四年）。

在已经有朱子二题辞的情况下，稼轩词中写道“两字君勿惜，借我榜吾庐”，结合上阕“还似象山无”，其实是表达了一种对象山的尊重、欣赏与亲近。

而另一种较隐晦的情感恐怕是，以稼轩胸中郁郁英雄气、豪迈奔放的性情，朱子为其斋室题写的“克己复礼”，似略有些方正古板了，尽管他也很尊重朱子，但心中或许没有被朱子之“克己复礼”所完全满足，因此看到象山之“经德”，又见猎心喜，想“借我榜吾庐”。

---

① 吴哲．道之所在：朱熹礼学思想研究［M］．沈阳：辽海出版社，2016：87-88.

以英雄气论、以性情论，稼轩与陈亮更接近。而陈亮（陈同甫）所代表之“事功派”，几乎与朱子所代表之“性理派”有截然相反处，二者性情、气质亦截然不同。朱子与陈亮二者，曾就“王霸义利”进行过激烈辩论，长达十余年之久，最终也没能取得一致。因此，要说稼轩对朱子尊重，则有之；要说稼轩与朱子性情相投，恐怕便难以成立。从诗词酬唱来看，“问谁使、君来愁绝？铸就而今相思错，料当初、费尽人间铁。长夜笛，莫吹裂”……稼轩之性情、脾性，较之朱子，明显更与陈亮相投。

而作为宋代思想家中孤峰突起之象山，与其他思想家（理学、气学、象数学、新学等）相比，拥有特殊的自立、自信、自有为气质，极为与众不同。

“吾心即是宇宙”“举头天外望，无我这般人”“先立乎其大”“纵某不识一字，亦须还我堂堂地做个人”，等等，亦是思想家而有英雄气者也（孟子谓之大丈夫）。因此，从性情角度讲，以稼轩胸中郁郁英雄气、豪迈奔放的性情，其对象山则除尊重以外，恐或别多一份心底亲近。

“还似象山无”——我见青山多妩媚，料青山见我应如是。

其次，稼轩以《感皇恩》悼朱子，表达情感，主要在下阕后几句，即“白发多时故人少。子云何在？应有《玄经》遗草。江河流日夜，何时了。”

“白发多时故人少”，语句平易，却流畅非常，稼轩与朱子相识、相交、相酬近二十年，确是“故人”，而故人正凋零，因此“白发多时故人少”，乃是悼文应有之义。

“江河流日夜，何时了”，大体同时有两层含义：其一，是表达心中之悲，其二，是颂扬朱子之名。

这其一，是化用南北朝谢朓诗句：“大江流日夜，客心悲未央”，以点出“悲”字，与词题中的“闻朱晦庵即世”相扣。

这其二，是在化用“流日夜”之同时，又化用唐代杜甫诗句：“尔曹身与名俱灭，不废江河万古流”——在朱子去世之际，孰为身名俱灭之“尔曹”？不过是那些将朱子定为“伪学魁首”的奸佞小人；孰为万古流之“江河”？朱子也。稼轩词喜用典，“江河流日夜”，造诣极高超、巧妙。

但是问题出在了中间“子云何在？应有《玄经》遗草”这一句。谁是“子云”？汉代思想家扬雄，字子云。《玄经》，即扬雄所作《太玄》经。这一句是将朱子比作了扬雄。

小程子伊川曾评价过：“荀卿才高，其过多；扬雄才短，其过少。韩子称其大醇，非也。若二子，可谓大驳矣。”“扬子虽少过，然已自不识性，更说甚道。”——扬雄在伊川那里，已经不是韩愈所谓小疵大醇者，而是“大驳”，根本谈不上“道”。

而朱子自认是伊川私淑弟子。跟小程子一样，朱子作为正统“理”学家，几乎是不可能认可将“玄”作为最高境界的扬雄的。而扬雄在中国思想史上，其地位确实也远逊于朱子、象山。

以稼轩之高才、文学之功力，他“掉书袋”、用典之能力，世所罕见。那么，与朱子相识二十余年的稼轩，却将朱子比作了扬雄，似有两种可能：其一，是稼轩并不懂朱子，其二，是稼轩有意为之。

若是其一，即稼轩其实并不甚懂朱子，那么，看稼轩写“唤起子陆子”时，“天地清宁高下，日月东西寒暑，何用著工夫”，这一句却很懂象山，不只是懂，是写的都称得上是熨帖了。若是心学一脉，看到这一句，估计心都熨帖得化开一样，恰说到心坎处。

稼轩与朱子相识二十余年，与象山素未谋面，然而，却不懂朱子而更懂象山，这代表了什么？恐怕代表了稼轩在思想上与朱子理学有隔，而反能与象山心学相通。

若是其二，即稼轩有意为之，又可推断出何种状况呢？稼轩虽然不称思想家，但当得起学识渊博之称。即便稼轩不知小程子对扬雄“大驳”“更说甚道”之评价，但却不可谓稼轩不知唐代韩愈对扬雄之评价：“大醇而小疵。”这“大醇而小疵”，或许便是稼轩心中对朱子的真实评价。

若是我们能够在稼轩读过《昌黎文集》这件事上达成一致，则稼轩将朱子比作“大醇而小疵”之扬雄，又以所谓“玄经遗草”来指代朱子会流传后世之著作（朱子力辟佛老，“玄”字有老庄气息，理学家所不喜），则相当于稼轩虽然尊敬朱子，但心中并不认可朱子理学为正宗或纯正。近人牟宗三亦认定朱子“别子为宗”，倒是与此相契合。

而与“玄经遗草”相对的，在写象山之《水调歌头》“唤起子陆子”中，稼轩却明确写道：“孔之徒。”悼朱子之《感皇恩》与写象山之《水调歌头》，这两首词不是一个时间点完成的，稼轩似亦不可能同时贬朱而褒陆。诗词为心声，在不同时间完成的两首词，却有可能将稼轩藏于心底的真实想法、感触表达出来。

再次，我们看稼轩悼朱子之《感皇恩》，“白发多时故人少。子云何在？应有《玄经》遗草。江河流日夜，何时了。”——这里面却没有稼轩对朱子理学的感悟，只停留在感慨故人、颂友人之名的层次。但是《水调歌头》“唤起子陆子”时，整首词里，除了首尾两句，却尽是感悟象山心学之语。

“万钟于我何有，不负古人书。”“此是瑱山境，还似象山无？”“耕也馁，学也禄，孔之徒。”“青衫毕竟升斗，此意政关渠。”尤其是这一句：“天地清宁高下，日月东西寒暑，何用著工夫。”——这些不是象山所教所授，而是稼轩自己感悟、领会出来的。

再结合象山曾明确说过：“李白、杜甫、陶渊明皆有志于吾道。”① 这样的结论也就象山能说罢，恐怕以伊川、朱子之崖岸高峻，似都不可能认同。

象山只说了结论，没说理由，某在此不妄自猜测。只不过，李白、杜甫、陶渊明，此三大家哪怕不从思想上、行动上、为人上观察，仅从文学、文字上看，飘逸、沉郁、田园等，亦非一类，但在象山眼中，却同为“志于吾道者”——此既是心胸，亦是穿透性的眼光。稼轩虽然未必听过象山此语，但在李白、杜甫、陶渊明后，加上“辛弃疾”三字，象山会不会反对？而象山可以引李白、杜甫、陶渊明为同道，稼轩是不是亦可以引象山为同道呢？

综合上述三点，第一，从性情角度讲，以稼轩胸中郁郁英雄气、豪迈奔放的性情，其对思想家而有英雄气、自立自有为的象山，或别多一份欣赏与亲近。

第二，稼轩在不同时间完成的两首词，将朱子比作玄经扬雄，称象山却是“孔之徒”，或有可能表达出稼轩心底的真实想法、感

① 陆九渊. 陆九渊集［M］. 钟哲，点校. 北京：中华书局，1980：410.

触。

第三，通过词作，“天地清宁高下，日月东西寒暑，何用著工夫”明显可以看出，稼轩对象山心学有所领会与感悟。

那么，或可得出结论：暂抛除友谊、交情不谈，稼轩在朱子理学与象山心学二者之间，恐怕更倾向于象山心学。因为人们从心底里不甚接受的东西，大概便不会产生亲近感，亦不会有领会与感悟。

（四）一个悖论

辛弃疾并非道学中人，但是若说悟性、才情，那必是当世第一流者。为何我们判断他更亲近象山心学呢？

这又涉及一个悖论，即朱子理学走的是“道问学”之路，此路径为读书人指点迷津，循序而渐进，但却易将除读书人之外的其他人排除在外。

南宋时期的文盲率我们不得而知，民国时期文盲率仍高达90%，在古代，能有条件读书的，相对于总人口，毕竟是少数甚至是极少数，因此，朱子理学“道问学”之路，是容易将广大的非读书人拒之门外的。

而象山心学则不然。象山心学走的是与“道问学”不同的“尊德性”之路。

象山心学不是循序而渐进，反而力劈华山，上来就要“先立乎其大”，然后“尧舜之前，更有何书可读？”“纵某不识一字，亦须还我堂堂地做个人”——这其实是一条“人人皆可为尧舜”的路。

这条路广开山门，所谓“人人”，是将所有人都包纳了进去，而不仅仅是读书人。

相对于朱子理学易将非读书人排斥在外，象山心学几将所有人都可以囊括进来。鉴于当时读书人的比例较低，非读书人才是绝大多数，那么，象山心学本应领域更宽泛、规模更宏大，因其视野更大、胸怀更大、方法也更简易，常人更容易入门。

但是，事实却相反，朱子理学一直“别子为宗”，不但是当时思想界的正宗所在，其规模也更大于象山心学。缘由有若干，比如：朱子承接的是二程子之洛学，有二程子打下的基础（二程的地位、门人弟子、理学流传度、知名度等），此相较于象山无师承、自学自得、自本自根、孤峰突起，更占据一些基础性的有利条件。

又比如：抛开师门不谈，单说朱子自身，亦比象山年龄大、入仕早、成名早，严谨地讲，学问（指学术，非指道）之广博似亦高于象山。朱子名满天下时，象山甚至还在乡间读书，并未出山科举。因此象山学道有成出山后，以“简易”挑战“支离”时，象山更似一个自下而上的挑战者，而朱子才是那个居于较高位置的守擂者。

再比如：试图调和朱、陆之吕祖谦（思想史上地位低于朱、陆），只比象山大两岁，在朱子面前，无论地位、学识、才华，皆处于次级或辅助者（编《近思录》）的角色。但由于象山参加科举晚，吕祖谦当年是象山南宫试的主考官，因此吕祖谦在思想高于他的象山面前，却反而可以拿出座师批评或指导之态度，那场非常重要的朱、陆鹅湖之会，吕祖谦便认为象山“但欠开阔耳”——这其实是可以看出吕祖谦作为一个调和者、中立者之倾向的，等等。

除上述天时地利人和等各种原因之外，相对于朱子理学，象山心学几将所有人都可以囊括进来，象山心学本应领域更宽泛、规模更宏大，但事实却非如此，还有一个尤为重要的原因：朱子理学之循序渐进，最需要的是努力，而象山心学之发明本心，最需要的是悟性或天赋（见前文第二章“承认天赋有高下之别”）。

努力，能不能终生坚持下来待定，但却是人人皆可去试着做的。即便不能像朱子那样将努力持之一生，但常人努力一段时间，总是可以做到的。而这一个“悟性”，却不好把握，有便是有，没有便是没有，连“假装”都做不到（几句话即露出马脚），明显不如“努力”好掌握，这便将许多人排斥在外了。

此所以象山心学“简易”“纵某不识一字，亦须还我堂堂地做个人”，这一条广开山门之“人人皆可为尧舜”的路，理论上，确实可以将所有人皆容纳进来，但事实上，规模仍小于朱子理学之因由。像辛弃疾这种悟性、天赋、才情一流者，毕竟少。

因此，就形成了这样一个悖论：朱子之“道问学”路径，能跨进门槛者多，虽然此路一开始便将非读书人、普通老百姓排除在外。而象山之“心学”路径，虽然“人人皆可为尧舜”，不识一字亦可为，但能真实跨进门槛者却少。

此又引出一个对象山不甚公平之后果，即思想史上象山地位理应高于朱子，但现实却反之。

原因有二：

其一，著书立说者多为读书人，因此现在我们看到的对古代思想家的“评价”，都是读书人写的。

朱子之道问学路径，只为读书人而设，是将普通人拒之门外的。正符合“万般皆下品，唯有读书高”，读书人以此可以居高临下(百姓)。因此，明里暗里皆易获得多数读书人之理解与认可。

而象山之心学路径，广开山门，所谓“人人”，是将所有人都包纳了进去的，而不仅仅是读书人。在“心”面前，不敬罗裳只敬“人”！读书人与万般人是平等的。但是，老百姓却不能著书立说，进而留下供后人观看之“评价”。

因此，在我们看到的“评价”上，象山或多或少是吃亏的。

其二，“朱子道问学”元代以后被定为科举取士之主导，有相当之加成作用。

科举，考试也。考试考什么？知识点。而朱子作为大学问家，知识点之“集大成者”，官方考试以此为凭据、为标准是可以理解的。

为甚称“朱子道问学”而不称“程朱理学”？试问：明道之思想如何考？明道作为开创者，是不属于“程”还是不属于“理学”？

明道之思想显然高于伊川、朱子（伊川亦自认不及），但是考试，就只能考伊川的易传与朱子的集注，因为这些属于知识点，而明道，他也不写这些东西呀。可以再看看明道这句：“贤却记得许多，可谓玩物丧志！”①

象山与明道在这一点上颇相似。又且，考试，是取最大公约数，而不是考曲高和寡的“曲高”，就像数学考试与数学家研究的数学，几乎是两种东西。故此，若说学术史地位，朱子显然高于象山，但若说思想史，则象山似应高于朱子。

---

① 黄宗羲. 宋元学案［M］. 全祖望，补修. 北京：中华书局，1986：929.

第五章

做“人”

一、一以贯之

(一) 什么是一以贯之

思想家与有思想的名人，如何区分？答曰：“一以贯之。”

“一以贯之”不容易，因此思想家是稀缺者。

什么是“一以贯之”？牵一发而动全身。

象山说：

> “先于易晓处沉涵熟复，切己致思，则他难晓者涣然冰释矣！”①

这是告诉人们读书碰到难题就绕开吗？显然不是，因为最终还是要“他难晓者涣然冰释”。那么，是告诉你先做简单的吗？也不是。“易晓处”并非一定简单，也可能很难。只是与你悟性秉赋相合，因此容易明白。

那为什么先于“易晓处”入手，然后“他难晓者”也能解开了？不是应该懂得的就已经懂了，不懂的仍不懂吗？

因为对一般人而言，有所谓“易晓处”“难晓者”，对思想家而言，他说的都是一回事啊。当你终于能够明白“哦，原来都是一体

① 陆九渊. 陆九渊集［M］. 钟哲，点校. 北京：中华书局，1980：407.

的啊”，就自然会将“他难晓者”与“易晓者”打通，于是方能“涣然冰释”矣。

如孔子孟子说的所有话，都是在教你做个人。

以孟子“民为贵，社稷次之”为例，为什么民为贵？因为“得其民，斯得天下矣”。又为什么“得其民，斯得天下矣”？因为“天下之本在国，国之本在家，家之本在身”。所谓天下、国家，是由人构成的，没有人，你自己占据整个太平洋，也无法称天下、国家呀。所谓“身”，即人身、个人。

天下→国→家→身，既然天下之本在于“身”，则“身”好，乃为“天下”好之根本、缘由。于是“修身”——“修身以俟之，所以立命”。

修身就是修自己，怎么检验自己能够修身立命呢？靠自己拍胸脯保证吗？非也。家之本在身，你所修之身，在你“家”里就能进行最直接的验证。“家”里父母兄弟皆亲人也。应该怎样对待亲人？孝顺父母、尊敬友爱兄长呗，难吗？是不是人人皆可做到？所以“孝弟也者，其为仁之本欤”，所以与“仁之实，事亲是也”。

但是只有自己修身以俟，能让“天下国家”好吗？不能。由自己→家→村→乡→镇→县→郡→州→府→国，如果越来越多的人“修身”，则“天下国家”才会好。

那怎么能推广“修身”呢？由近及远、推己及人，便是教育——所谓“亲亲而仁民”“己欲立而立人”。于是，“教不倦，仁也”。

教什么呢？“亦教之孝悌而已矣”。这“孝悌”，不就是自己在“家”里就能做到的吗？人人皆能做，正是身→家→国之根本所在。

能够由近及远、推己及人，“经正，则庶民兴”。通过“教化”——渐渐地，越来越多的人修身齐家，就自然会“人人亲其亲、长其长而天下平”。“尧舜之道，孝弟而已矣”。

那么，身→家→国→天下，这第一个修身者、教育者如何能出现呢？这第一个修身者，没有人去教化他啊。“性善”。若是性恶，则出不来这世上第一个修身者、教育者。

性善，外在表现便皆善吗？非也。因为天性会被后天物欲所蒙蔽。怎么恢复本性呢？尽心。因此“尽其心者，知其性也”。而能尽心知性者，能孝悌者，便会晓得：哦！原来“圣人与我同类也”，便会晓得原来“此心同，此理同”。

那么，最初的人怎么能生“心”呢？需要一些触动或契机。例如：“盖上世尝有不葬其亲者。其亲死，则举而委之于壑。他日过之，狐狸食之，蝇蚋姑嘬之。其颡有泚，睨而不视。”

什么意思呢？上古最初无葬礼，父母死去，抛尸于山沟。过些日子经过山沟，看到狐狸在啃、苍蝇在嘬父母的尸首。其颡有泚，即额头上冒出冷汗；睨而不视，即斜眼而不敢正视那被啃食的父母尸首。

这额头上的“冷汗”，便是触动或契机。为甚出“冷汗”？心下不忍、愧疚。于是可生“心”。

由于心下不忍、愧疚之冷汗，于是“盖归反虆梩而掩之”——归家取了锄头等工具来将父母尸首掩埋之。这便是葬礼的由来（礼义内生）。因“冷汗”而生了这不忍之心，是因为别人批评你了吗？不是。是因为你要流冷汗、表演给别人看吗？也不是。“中心达于面目”，这冷汗，是你自己将父母抛尸后心中悔恨所表现出来的。因此，“心”，是自生的，不是外在的制度、规则、律法、他人等所导致的。

既然明白“心”是自生的，若想有“心”，去求神仙？去求外力？显然不可。只能求自己——此即“反求诸己”。

能够反躬自省，修身必有所得。持之以恒，则“自反而仁矣，自反而有礼矣”。仁，即人，从此你便与飞禽走兽有了截然分别，便有了“人”的觉悟。

有了“人”的觉悟，人类是群体，便“使先知觉后知，使先觉觉后觉也”。而孟子正是先明白了这个道理、先有了这个觉悟的人，因此他说：“予，天民之先觉者也，予将以斯道觉斯民。”孟子之前、之后的教育家也是这样产生的。

人类的觉悟也好、进化也好，并不是一蹴而就之事，其中必多曲折艰难，“率兽食人”常有。因为曲折艰难，我便不做了吗？那如何面对我自己的修身？如何面对我自己的反躬自省？“吾身不能居仁由义，谓之自弃也。”

若不自弃应该怎么办？“自反而缩，虽千万人，吾往矣”……

可以无限连、可以全打通、可以闭环、可以自循环——孔孟说的所有话，内里都是相通的，都是一以贯之的。读不至此，不可谓之读书。

所以象山云：

“今之学者读书，只是解字，更不求血脉。”①

近代从胡适、冯友兰开始，每以“宇宙论”“知识论”“人生哲学”“教育哲学”“政治哲学”“宗教哲学”等西方范式肢解中国思想家，某深感此模式之面目可憎。为何？

试问：牛顿、爱因斯坦等人算不算思想家？当然不算，他们只是物理学家。然而，牛顿、爱因斯坦等人难道没有独创之宇宙观、时空观、知识论、方法论？没有较独特之教育哲学、宗教观？那么，近现代社会每一个较杰出之天体物理学家或理论物理学家，都是思想家？

既然在物理学领域已经称“家”，而不是普通教师，则必然对于宇宙、世界、本体、知识、教育、方法甚至宗教（如牛顿虔信基督、杨振宁认为存在非具象“造物主”等）等方面有若干一家之言、独到之处，那么，按胡适、冯友兰等人的“分而析之”方法，凭什么将这些杰出物理学家拒之于思想史、哲学史门外呢？如果不拒之门外，近现代思想史是不是要变成各种诺贝尔物理学奖得主的传记了？

上问所不言自明者何？

在若干领域（如宇宙、时空、本体、知识、方法、教育、宗教等）“分别”有各种独到思想观念，即便强悍如牛顿、爱因斯坦、杨振宁者，亦非思想家——因其能分而不能“合”，没有个“一”能去贯穿他的专业和人生。

因此，思想史的写法，不是如胡、冯等人按西方范式所设之陈列柜，亦不是尸体解剖学，必须能“合”——合而为一活生生的生

① 陆九渊. 陆九渊集［M］. 钟哲，点校. 北京：中华书局，1980：444.

命。

举个例子：黄帝擒杀蚩尤后，为防其复活，乃将其尸体肢解、大卸八块，“蚩尤股体身首异处”（《大戴礼记》）。又，马王堆出土帛书《十六经》载：“剥其革以为干侯；剪其发而建之天，名之曰蚩尤之旌；充其胃以为鞠……”① 诸等。

问：股+体+首+干侯+旌+鞠，能缝缝补补，然后拼凑成一个顶天立地的蚩尤吗？显然不能。

思想家亦然。你将所谓政治哲学+教育哲学+宗教观+世界观+知识论+方法论等予以分割、分裂而治，只能得一卤水拼盘。没了胸中那口贯通之“气”，你便识不得顶天立地之“蚩尤”（思想）。你自己尚且看不出思想家之一气贯通，只能摘人家几片叶子煞有介事、分而析之，此何足以治思想史？

为什么胡、冯氏拈起一片叶子，只能叫“一叶障目”？因为彼辈只能看到叶子，并不知道叶子之间是脉络互通的，皆为大树之根本所统摄的。所以一叶障目，便难知何为“一叶知秋”，何为“牵一发而动全身”。

以此种西式肢解模式，看到“民为贵，社稷次之”“天下国家”，便定一个这是孟子的政治哲学；看到“修身以俟”“虽千万人吾往矣”，便定一个这是孟子的人生哲学；看到“教不倦，仁也”，便定一个这是孟子的教育哲学；看到“孝悌而已矣”，便定一个这是孟子的伦理哲学；看到“反求诸己”“尽心知性”，便定一个这是孟子的主观唯心主义……为知者笑。所笑者何？这些明明都是一回事啊。

其横竖不知，圣贤千言万语、千头万绪，其实“一”以贯之也。这根本处之“一”，一经生发，自然千头万绪、枝繁叶茂。

夏虫不足语冰。其面目可憎者，在于夏虫不但自欺，尚且要欺后来学子。

要之，因为中国思想家之思想，是一气周流、一气贯通的，即“一以贯之”。你从哪一处（叶子）入手，都可以知道整棵大树，叶子只不过是大树在东南西北、接光就荫处的不同表现。

① 国家文物局古文献研究室. 马王堆汉墓帛书（壹）[M]. 北京：文物出版社，1980：67.

以树为例，千枝万叶，皆有一根本处为之生发，此“大树”谓之思想家。能识得千枝万叶之脉络相通，能寻得其根本处，此“旁观树者”可谓思想史家。只能“分”解为一叶是一叶、一枝是一枝者，因其只识数，而不识树，可谓贩卖枝叶之小摊贩。

象山云：

“读《孟子》须当理会他所以立言之意，血脉不明，沈溺章句何益？”

“须是血脉贯通理会实处始得。凡读书皆如此。”

象山所言“血脉”是在譬喻。

不是这血流经“善教”处便为教育哲学，流经“天下国家”处便为政治哲学，流经“恒产”处便为经济哲学，流经“虽千万人吾往矣”处便为人生哲学……不是。

“血”，流经左手处是血，流经右手处还是血，流经足底处是血，流经胸腔处还是血，一脉贯通而已。你认不得血之一脉、周流、不息、贯通，便只能尸体解剖般肢解这“血”，便认不得活泼泼的生命。抽刀能断水乎？认为抽刀（或向西方学术范式借刀）便可将水断为五部分、六部分者，实与跳梁小丑无异尔。

（二）做人与好的社会（国家）

什么是好的社会（国家）？

欧美等西方国家从宗教发源，以彼之造物主为善，生民皆有原罪，即全员皆恶，故必取外在之制度、法律等治之、束之、惩之。

彼所求为一个好的社会乎？非也。彼所求乃仅为一个不那么崩坏的社会（西方好的国度只能是在天堂，无法在全员皆负有原罪之人间，而我中国绝非如此）。因为制度、法律等不过是下限。

真正好的社会，不在于外在之制度、法律等（比如英国、日本至今仍有落后的代表：皇室、君主，英国、日本之社会一定不如其他社会吗），而在于人。

社会由人构成，社会之核心在于“人”，而不是别的什么。若人人皆为好人，为善，则由善所构成的社会，方为好的社会（善=好）。中国圣贤这样走（修身），西方正反之（忏悔罪恶）。

人人皆为好人，为善，这个目标是不是过于高、过于难了？岂不闻古语云：“取法乎上得其中，取法乎中得其下，取法乎下，无所得矣。”

治大洪水难不难？尝百草难不难？以启山林难不难？猴子从树上跳下来直立行走、用工具劳动难不难？进化怎么可能是容易的事？容易的，是退化。

因为难，便自动放弃，那要“教育”干什么？（教育，是教“人”、育“人”。只学糊口饭碗、职业技能，那玩意叫训练，未可称为教育）。

规章制度、法律者，应该有，以其维持住社会之下限。但就仅停留在不断地修订完善下限吗？人类社会之“理想”何在？还是说所谓“理想”，就是通过规章、法律之惩罚，让所有人都不犯法就万事大吉了？这能叫理想？这只配叫苟安。仅停留在“人人都不犯法”这个层面（现实中亦完全不可能达成），真的可以构建一个好的社会吗？

人而为善，是内在、主动；人而不犯法，是外在、被动。

人而为善，在行为之先；人而触犯规章法律，只能追索于行为之后。

社会之核心为人，人而为善乃社会之“本”；社会之辅助为规章、法律，人人都不犯法即便达成，也只堪社会之“末”。

论主动、被动，论先、后，论本、末，是不是这个道理？因为难，因为很难，便不做了？中国历代圣贤孜孜以求者，与西方宗教发源国家所最不同者，皆在于此。我中国乃世界上唯一未曾断绝之文明，亦在于此。那个规章、法律等，不是内在的“功”，无论怎样去修订完善也只是外在的“拳”，只能从外部去约束。而所谓“内在”的功，是要你，自己做起来！

因此某前述：如孔孟，说的所有话，都是在教你做人。

象山亦如此。因此本章题目即为做“人”。

二、善恶非对举，恶依善而存

本部分题目为善恶非对举，恶依善而存——这是从思想、从本原处谈。

从思想、本原处谈，善本善，而恶无本恶，过与不及处便易化为恶。

这“过与不及处”，正要靠一心体认，是内在的。而不是靠外在的力量、律法、规定来确定。外在的力量、律法、规定等自身恰恰极多过与不及处。

在日常说话或文学视角里，“善”与“恶”是明确无误的反义词。例如：“万恶淫为首”，对之以“百善孝为先”，就是很工整的对联。因此，通常会让人形成一种错觉，即善与恶乃一体两面，有善就有恶。

但善与恶总是同时出现的吗？二者是什么样的关系？分不分先后？由于善与恶常被对举，则类似这样的问题就容易被忽略。

事实上，善先而恶后，恶必依善而存，恶无法自存。

举个简单例子：杀人，“恶”之极也，但杀人之“恶”其实是寄托在助人互助此类“善”之基础上而存在的，若助人之“善”不存在，人类最终互杀而亡种，杀人之“恶”亦不能单独存在，于是，“恶”走到极处，相当于自灭己身。也就是说杀人之“恶”，离了“善”是不能单独成立、存在、继续的，而助人互助之“善”则可以完全不需要杀人仍可独立存在、继续。此即孟子曰：“杀人之父，人亦杀其父；杀人之兄，人亦杀其兄。然则非自杀之也，一间耳。”①

善与恶，颇类似人体与癌细胞。癌细胞本由正常细胞“转化”而来，没有正常细胞，也就谈不上癌细胞；若癌细胞通过扩散、增殖将人体侵蚀殆尽，则人虽亡，而癌细胞亦无法自存。

正如在社会现象中，没有善之百姓，便没有恶之贪官。因为离了百姓，贪官去哪里贪呢？而那贪官，在未入仕途之前，亦不过是

① 杨伯峻. 孟子译注［M］. 北京：中华书局，2016：365.

百姓。

因此象山曰：

“有善必有恶，真如反覆手。然善却自本然，恶却是反了方有。”①

（一）人禽分野

世间有万物，人为万物之灵。物皆有本能，人亦有。若只凭本能生存，则人不足以为万物灵。人之所以为万物灵，必然是因为除了本能之外，人比万物多了些什么？

多了些什么呢？

孟子曰：

“人之所以异于禽兽者几希，庶民去之，君子存之。”②

朱子解之为：“人物之生，同得天地之理以为性，同得天地之气以为形；其不同者，独人于其闻得形气之正，而能有以全其性，为少异耳。虽曰少异，然人物之所以分，实在于此。众人不知此而去之，则名虽为人，而实无以异于禽兽。”

前半段，以“形、气、性”解孟子“君子存之”，略有硬拗。但最后这“名虽为人，而实无以异于禽兽”，说得确实铿锵有力，引人深省。而读此却不能惕厉自省者，恐难免“名虽为人”。

如果说朱子以“形、气、性”解孟子“君子存之”略有硬拗，那么，孟子“君子存之”所存者到底为何？

孔子曾曰：“君子喻于义，小人喻于利”（《论语·里仁》）——象山之所以赴白鹿洞书院讲学，义利之辨，其实即是辨心。

孟子接着孔子讲：

---

① 陆九渊．陆九渊集［M］．钟哲，点校．北京：中华书局，1980：400.

② 杨伯峻．孟子译注［M］．北京：中华书局，2016：208.

> “大人者，言不必信，行不必果，惟义所在。”（《孟子·离娄下》）

所谓君子、大人，含义类同，其对立面即为小人。孟子明确道出“惟义所在”。因此，孟子说人与禽兽有异处（亦即上文所说“除了本能之外，人比万物多了些什么？”），实指“义”也。

而“义”又重要到何种程度呢？为了这与禽兽相异之“义”，甚至可以抛弃生命，于是便有下面振聋发聩的一段话：

> “生，亦我所欲也；义，亦我所欲也，二者不可得兼，舍生而取义者也。生亦我所欲，所欲有甚于生者，故不为苟得也；死亦我所恶，所恶有甚于死者，故患有所不辟也。如使人之所欲莫甚于生，则凡可以得生者，何不用也？使人之所恶莫甚于死者，则凡可以辟患者，何不为也？由是则生，而有不用也；由是则可以辟患，而有不为也。是故所欲有甚于生者，所恶有甚于死者。非独贤者有是心也，人皆有之，贤者能勿丧耳。”（《孟子·告子上》）

守住“义”，即便是死，也是个“人”。背弃“义”，即便是活，也只是流于禽兽。

因此，“义”——其实是人与禽兽之分野。

可以参看文天祥的绝笔：“孔曰成仁，孟曰取义，惟其义尽，所以仁至。读圣贤书，所学何事，而今而后，庶几无愧。”

为什么文天祥说自己“庶几无愧”？因为他践履了孔子的“杀身成仁”、孟子的“舍生取义”。这个无愧，便是仰不愧于天、俯不怍于人的无愧。

所谓无愧于人，这个“人”暂莫解作他人、公众，即不要解释成无愧于他人、无愧于国人等，首先是无愧于自己是个“人”（异于禽兽义）。

因此，象山云：

> “仁，人之本心也。心之在人，是人之所以为人，而与禽兽

草木异焉者也。”①

践履了“成仁”“取义”，便无愧于天、无怍于人，那么，“仁义”是什么呢？

孟子曰：

“仁，人心也；义，人路也。舍其路而弗由，放其心而不知求，哀哉。”（《孟子·告子上》）

可见无愧于天、人之“仁义”，即是以人之心，走人之路。此中之“人”，是真人，乃异于禽兽者，而不是“名虽为人”之生物。

象山在《与王顺伯书》中讲：

“儒者以人生天地之间，灵于万物，贵于万物，于天地并而为三极。天有天道，地有地道，人有人道。人而不尽人道，不足与天地并。”②

天道贵生，那么人之道在于何所？此“以人之心，走人之路”，便是所谓“人道”了。

不过，明白了“仁，人心也；义，人路也”的道理，但如何将这仁义、道理践及履之呢？即人之道应怎样走呢？

第三章“自立：不泊着事，不附于物”一节，孟子所言：“是集义所生者，非义袭而取之也。”③

因此，象山云：

“孟子出于子思，则是涵养成就者，故曰‘是集义所生者’，集义只是积善。”

象山又云：

① 陆九渊．陆九渊集［M］．钟哲，点校．北京：中华书局，1980：373.

② 同①：17.

③ 杨伯峻．孟子译注［M］．北京：中华书局，2016：66.

“人共生乎天地之间，无非同气。扶其善而沮其恶，义所当然。安得有彼我之意？又安得有自为之意？”①

此“集义只是积善”“扶其善而沮其恶，义所当然”便是行人道。

那么，所谓“善”，又如何体认呢？

象山云：

“四端万善，皆天之所予，不劳人妆点。但是人自有病，与他间隔了。”②

天之所予，并不需要什么外在的规章、制度、法律、条文来指点、规定。见有人落水、见叱骂老人、见以众凌寡、见拐卖妇女儿童，等等，只要问问自己的心，便知应该怎样做，以及怎样做才是“善”。

见此不知如何做、不知“善”、视如不见者，并非所谓“中立”，而是“恶”。若没有站在“善”的一边，却自诩“中立”，不过是“自欺”而已。

朱子也说：“且如恻隐是善也，见孺子入井而无恻隐之心，便是恶矣。”“离着善，便是恶。”③

正因为“善自本然，恶却是反了方有”，所以象山云：

“见到孟子道性善处，方是见得尽。”④

（二）荀子“性恶论”之弊

从“善恶非对举，恶依善而存”，讲到“性善”，必然不得不解释一下荀子的“性恶论”与“化性起伪”。

---

① 陆九渊. 陆九渊集［M］. 钟哲，点校. 北京：中华书局，1980：401.

② 同①：448.

③ 黎靖德. 朱子语类：卷五［M］. 北京：中华书局，1986：86.

④ 陆九渊. 陆九渊集［M］. 钟哲，点校. 北京：中华书局，1980：410.

《荀子·性恶》曰：“人之性恶，其善者伪也。”① 所谓“伪”，即是“为”，人为也。也就是说，性恶是先天的，而善则是后天、人为的。《荀子·礼论》说的更干脆：“无伪则性不能自美。”

“今之人，化师法，积文学，道礼义者为君子；纵性情，安恣睢，而违礼义者为小人。”——此种通过后天的教育、礼义来矫正人性，方可为君子的模式，后世之人观之，亦似有理。然而却有着难以弥补的漏洞。

即这世间的第一个教育者是怎么诞生的？这世间的第一个制礼义者是怎么诞生的？

按荀子之理论，若人性恶，则在教育、礼义并未诞生之前，必然人类全员皆恶。又如何从这全员恶人中，诞生出一个善人去教育他们呢？

这第一个教育者、第一个制礼义者，必然是善的，那么，在他之前并无教育、并无礼义，他的“善”又是从哪里来的呢？

若将荀子这种“人之性恶，其善者伪”的思想再向前推衍，便只能去合宗教的“神道”了，而无法走“人道”。

那第一个教育者、制礼义者，便亦不可能是“人”，而是从“恶”里开出来的白莲花：宗教里高高在上的所谓救世主是也。这样的思维肯定是难以符合中国文化的，此亦荀子为宋儒所不取之缘由。

除荀子“性恶说”外，尚有告子之“性可以为善，可以为不善”以及“性无善，无不善”“有性善，有性不善”“性超善，超恶”等说法。此中有一部分为见理不透彻，囿于经验、阅历、积习，而昧于思辨之和稀泥说法，身边有好人亦有恶人，便认为性有善有恶，等等，此乃象山所指“硬把捉”是也。人赴邯郸欲学步，归来腿软嘴偏硬。被孟子驳得体无完肤，详见《孟子·告子》，于此不赘。

亦有一部分，是真诚的思考，但以末逐本。

性一而已。此孟、荀所同然。举凡以性为二、三者，如性有善有恶、性三品论、性二元论等，所言非性。

---

① 王先谦. 荀子集解［M］. 北京：中华书局，1988：434.

“心之本真，未尝不善，有不善者，非其初然也。”① ——此象山门人江西提举袁燮（世称絜斋先生，《宋史》“后见九龄之弟九渊发明本心之指，乃师事焉”）为象山文集之序。此语切中，可以此句解“发明本心”。

三、心=性，但非一

明白了上节内容，善先而恶后，恶必依善而存，恶无法自存。便可体会“心＝性”。

心＝性，是说等号两边的二者量值相等，却不是说心即性。若打个比喻：若我们欲知新生儿的体重，需以秤量之。则八斤二两的婴儿，与八斤二两的秤砣在重量方面的量值相等，皆为八斤二两也，但婴儿与秤砣并非一物。

世常有“心小性大”之惑，可参明道语“体会必以心。谓体会非心，于是有心小性大之说”②。

心与性仍是二物，二者之所以能相等，在于“复”，此心复明的复。

对此，孟子最重要的一句话是：“尽其心者，知其性也。知其性，则知天矣。”③ 象山最重要的一句话是“发明本心”。此二句需结合起来看。当思为什么尽心知性？为什么知性则知天？

（一）性之在天，心之在我

天所与我者，性也。故《尚书·西伯戡黎》有：“不虞天性。”④中国文化自古惯称“天性”一语，如曹植：“他人虽同盟，骨肉天性然。”谢灵运：“所秉自天性，贫富岂相讥。”

人之天性本善，此所以人为万物之灵，此所以人有异于禽兽。孟子曰：“人性之善也，犹水之就下也。人无有不善，水无有不下”（认为人性有善有恶的，便仿佛认为水东流西流者，是未认识到水之

① 陆九渊. 陆九渊集［M］. 钟哲，点校. 北京：中华书局，1980：519.
② 程颢，程颐. 二程集［M］. 王孝鱼，点校. 北京：中华书局，1981：1261.
③ 杨伯峻. 孟子译注［M］. 北京：中华书局，2016：334.
④ 屈万里. 尚书今注今译［M］. 北京：中国友谊出版公司，2021：89.

性实为就下，而不是流向东、西）。

但由于形拘物役，天性常被蒙蔽、昏昧而不明。

象山云：

“君子役物，小人役于物。夫权皆在我，若在物，即为物役矣。”

“常人汩没于声色富贵间，良心善性都蒙蔽了。”①

然而，怎样能使天性不被蒙蔽呢？在于“发明本心”。

象山云：

“人性本善，其不善者，迁于物也。知物之为害，而能自反，则知善者乃吾性之固有，循吾固有而进德，则沛然无他适矣，故曰‘《复》，德之本也’。”②

此句中“循吾固有而进德”之“循吾固有”，便是“心”。孟子曰：“君子所性，仁义礼智根于心。”

此句象山因与弟子口语，意思确是对的，但略有不清晰。“知善者乃吾性之固有，循吾固有而进德”，如果只按文字去解，因前称“善乃固有”，则“循吾固有”，似当为“循善而进”。然而，谁循善而进？吾。吾以何能循善而进？心。

这就要说到心虽等于性，但心、性仍为二物的道理了。简言之，性乃被动，心乃主动。

天性由于形拘物役，易被蒙蔽。久被蒙蔽则浑浑噩噩如禽兽仅凭本能一般“生存”。若想区别于禽兽、回复人为万物灵之灵性（其实这只是下限，人立“志”实高于此，后详），则需要“思”。又，“心之官则思”。这就需要去找到自己的“心”。

孟子曰：“仁义礼智，非由外铄我也，我固有之也，弗思耳矣。故曰，‘求则得之，舍则失之。’”——忘思、不思，心便“舍则失

① 陆九渊. 陆九渊集［M］. 钟哲，点校. 北京：中华书局，1980：450.

② 同①：416-417.

之”；肯思、能思，主动性在我，此心便“求则得之”。自得于“心”，“人”方才异于禽兽而堪称万物之灵。

简言之，性之在天，心之在我。

(二) 尽其心者知性

前文曾讲《大学》“止于至善”的道理：

什么是“在止于至善”？其实就是“发明本心”。

“本心”是什么？此非外铄也，在于人自立、自得。本来人人皆可自得，但由于人役于物，为人欲所蔽，故舍则亡之。

因此，需要先立其大，以使心“复明”。此心“复明”，则“一是即皆是，一明即皆明”。

虽然心可“复明”，但若不能以“恒，德之固”守之，因物欲多有，仍然会再迷再失。故须“存养”，使心常在而不失。此即“心官不可旷职”“不可须臾离”也。

若能使“心”常在，从不旷职，便是“止于善”。

若能心无斑痕、无瑕疵、无私意、无匿隐（有这些，哪怕很少，亦不是100%，不是“明明德”，而是有“暗”）——仰不愧于天，俯不怍于地，圆满自在，阳明所谓“此心光明（而不是此心90%光明）”，完全剔透，便是“止于至善”。而这“善”“至善”，其实就是“性”“天性”。性之本然即善，性即善。

因此象山云：

> “此是孟子见得透，故如此说。”
>
> “见到孟子道性善处，方是见得尽。”①

找到自己的“心”，自得于“心”，便可知“性”。而使得此心无瑕疵、无私意、无匿隐，也即孔子所言：“回也，其心三月不违仁”之“心”——用俗语来讲达到100%，便是“尽”。此之所以孟子曰：“尽心知性。”

对于个体的人而言，安身立命大体是四步：

---

① 陆九渊. 陆九渊集［M］. 钟哲，点校. 北京：中华书局，1980：410.

第一步，天道贵生，生生不息的生；天生万物，人为万物灵，人生而即具天赋秉“性”。

第二步，后天蒙蔽，需自得于“心”。

第三步，自得于“心”，使心常在而无私无隐，是为“尽”心，尽心则知性。

第四步，“知其性，则知天矣”，心、性、天原是相通、“一以贯之”的。

打通此四步，则“夭寿不贰，修身以俟之，所以立命也”。

从此，“人”自然异于浑浑噩噩、依本能生存之禽兽，方可称万物之灵。而虽言心、性、天三者相通，但前文曾讲，“性之在天，心之在我”——对于个体的人（即“我”）而言，心、性、天三者中，“心”实为至重。

> “人之所以为人者，惟此心而已。”①

——此亦象山心学于人类之厥功至伟处。

四、吾心即是宇宙，即是人皆可以为尧舜

（一）汉语宇宙

“宇宙”是汉语，在中国人的母语中，四方上下曰宇，往古来今曰宙。不是英文 universe。近现代中国知识分子，却按西方“主客二分”法下的所谓客观存在去理解“宇宙”，然后因象山说“吾心即是宇宙”，便武断其为“主观唯心主义”，是颇可笑的。

其可笑程度跟第二章“犹不应以西学范式强作解人”一节中，黑格尔贬低性评价孔子：“只有一些善良的、老练的、道德的教训，从里面我们不能获得什么特殊的东西”相差仿佛。

除了“主观唯心主义”之外，还因象山说“宇宙便是吾心”，从而常将象山此语武断成什么“本体论”“宇宙论”之流，看起来似乎很“高大上”、很有“学者范儿”。却不知空气中又要充满“快

① 陆九渊. 陆九渊集［M］. 钟哲，点校. 北京：中华书局，1980：76.

活”的味道了。

象山有云：

> “见理未明，宁是放过去，不要起炉作灶。”①

可惜此句为已经西化之知识分子所不知。见理未明，宁可暂时放过，将此疑留存，留待日后慢慢体会、领悟。而不应以什么“主观唯心主义”“本体论”“宇宙论”之流的“另起炉灶”。

孟子说得好：

> “贤者以其昭昭使人昭昭，今以其昏昏使人昭昭。”②

那些“主观唯心主义”“宇宙论”之流，用西方范式来将中国文化生搬硬套、削足适履，正是“以其昏昏”尔。

象山还有段话说得畅晓直截，正足为以西方范式另起炉灶、言必称“主观唯心主义”“宇宙论”之某些西化学者戒，但恐彼辈又不知耳：

> “此理塞宇宙……舍此而别有商量，别有趋向，别有规模，别有形迹，别有行业，别有事功，则与道不相干，则是异端，则是利欲为之陷溺，为之窠臼。说即是邪说，见即是邪见。”③

而对于异端，应该怎样处理？孔子曰：“攻乎异端，斯害也已。”

（二）分内事

为什么说别有趋向的诸如“主观唯心主义”“宇宙论”之流，其实是邪说、邪见呢？

因为象山其实在说“做人”，做什么样的人。“做人”跟什么“宇宙论”何所相干？“人”还没做明白呢，“人道”之立场还没懂得呢，便去空谈什么“宇宙论”，是思想高妙吗？是范畴广博吗？非

---

① 陆九渊. 陆九渊集［M］. 钟哲，点校. 北京：中华书局，1980：452.

② 杨伯峻. 孟子译注［M］. 北京：中华书局，2016：334.

③ 同①：474.

也。此乃好高骛远、贫人说金。

孔子曰：“未知生，焉知死”——今之人“做人”尚且不知，而以宇宙为彼人闭门运算或天文仪器可察者，是狂妄；复因所运算观察的宇宙极浩瀚，转回头就又感慨彼人之渺小而自卑于宇宙。一边狂妄，一边自卑，此为自相矛盾也。

所谓浩瀚无际者，是“人”所算所察，卑自何来？你固然因浩瀚而飞不出所谓银河系、飞不到所谓宇宙中心，然而，其一，想没想过：人为何要自卑于不能“飞”？生而为人，难道是为了“飞”吗？其二，所谓宇宙中心是不是也飞不到“人”身边？那些所谓星系、中心，谁定的？没有“人”，谈什么浩瀚？此之谓做“人”尚且不知，此之谓“未知生”。

举个小例子：中国颇有不少人，通过自己的“观察”和“计算”，认为美国才是人类的“灯塔”，纽约才是所谓“世界中心”，整个欧美西方世界都弥漫着博大精深的“浩瀚”民主自由味道——于是，以不能“润（run）”到美国，而感慨自己“渺小无助”、为耻，以能“润”到美国为心心念念、为荣——在此一荣一耻基础上，创立一门学说“灯塔论”，一边狂妄地以自己的“观察”“计算”为真理，一边以中国人不能“润”到“世界中心”为自卑……

前问：人为何要自卑于不能“飞”？此问：中国人为何要自卑于不能“润”？此之谓做“人”尚且不知，此之谓“未知生”。

若“惟精惟一”的道理尚不懂得，以中国之“精一”为浅陋，而以什么西方“宇宙论”“本体论”“知识论”“方法论”“政治哲学”“经济哲学”“教育哲学”“伦理哲学”等分门别类为广博，此夏虫不可语冰，“润”人之不可语中国也。

通俗地讲，如果像黑格尔们那样的低级思维，认为中国思想只修身做人，一点也不“高大上”的话，那么，中国的算命先生们个个都很“高大上”。

因为西方哲学家还只能去谈什么“宇宙论”而已，而中国算命先生，不只能给你讲“姻缘论”，还能给你讲“风水论”；不只能给你讲“财富论”，还能给你讲“阴阳论”——你就说你想听哪方面的吧！只有你不敢想的，没有他不能分门别类立论的。

“紫薇论”“斗数论”“四柱论”“八卦论”“六壬论”“六爻论”“奇门论”“遁甲论”“面相论”“骨相论”“勘坟论”“占卜论”“筮法论”“太岁论”“星宿论”“形势论”“理气论”“纲常论”“玄空论”“太乙神数论”“梅花易数论”“生辰八字论”“紫薇斗数论”“谶纬论”“符咒论”“祝由论”“厌胜论”……你就说分门别类不？广博不？

除了这些部分之外，还有一个最凶猛的，比西方宇宙论更加高大上的“生前死后论”，西方哲学家、心理学家们还在那煞有介事地思考所谓“意志”、所谓“灵魂”呢，算命先生连“地府”都早给你安排好了——“后土论（巫体系）”“东岳论（民俗体系）”“地藏论（佛教体系）”，你死后去哪儿、还不还债、得不得报应、怎么个待遇，都给你安排得明明白白。并且，从“生死论”还能给你“分析、推理”出一个极具学术味道的“因果论”！此外，还有“十八层论（佛教体系）”“奈何桥论（民俗体系）”“六道论（巫体系）”，了解一下？你就说分门别类不吧？广博不吧？

后人再做所谓美其名曰的中西比较研究，不用劳烦中国思想家出马了，算命先生群体对标西方哲学家群体就可以了。

或曰：这地府，人未曾真实到达，是神话而已，无真实可据。则问：彼之所谓宇宙中心，飞船亦未曾真实到达，但是他手里有个望远镜，就是真实可据？何双标如此乎？算命先生还说他们有个阴阳眼呢。

上面这段譬喻，只是告诉你，各种各样的分门别类的“什么什么论”，也许并不高深广博，反而可能是狂犬逐块，而不见“人”。

以物理学为例，若大统一理论（grand unified theories）研究出来了，它能综摄四种互不统属的力，这“一”，才是高深。而大统一理论在物理学上一直无法实现，才只能无奈地以电磁力、万有引力、强相互作用力和弱相互作用力，去“分门别类”，互不统属——是不是这个理儿？（反之，若有大统一理论，因为统摄之能，自然可生发四种分门别类之力，甚至更多的力。）

真正难的，不是分门别类，不是“分”而析之，而是“惟精惟一”。

再读一遍：未知人，焉知宇宙？未知生，焉知死。

接回来说象山所言，更进一层，这其实不是什么“哲学观念”，象山的援笔书曰，只是抒怀。

象山云：

> 因读古书至宇宙二字，解者曰：“四方上下曰宇，往古来今曰宙。”忽大省曰：“元来无穷。人与天地万物，皆在无穷之中者也。”扔援笔书曰：“宇宙内事乃己分内事，己分内事乃宇宙内事。”

此段之要点在“分内”，为什么是“分内”？

尽心知性，知性则知天，心、性、天本是一体。“心之体甚大，若能尽我之心，便与天同”——尽心做“人”，便天人合德，“与天地合其德，与日月合其明，与四时合其序”。

象山集《杂著》篇，“宇宙内事乃己分内事，己分内事乃宇宙内事”，下一句接的是：

> “人心至灵，此理至明，人皆有是心，心皆具是理。”①

换句话说，受西化影响的现代知识分子人说起“宇宙”，易与思维形成关联的是浩瀚星空、巨大星球、各种星系、直径光年、气体真空、星际尘埃之类，也就是那个所谓 universe。

前文已讲，在中文里，“四方上下曰宇，往古来今曰宙。”象山心学讲究“先立乎其大”“辨志”，象山所言“宇宙内事乃己分内事，己分内事乃宇宙内事”，这句便是象山之“志”啊。

其中“宇宙”二字，今之读者，可试换为“天下”二字，复读之。

“天下事乃己分内事，己分内事乃天下事”——是不是或有所得？

明末清初，儒者顾炎武道出“天下兴亡，匹夫有责”，现代中国人有说读不懂的吗？

---

① 陆九渊. 陆九渊集［M］. 钟哲，点校. 北京：中华书局，1980：273.

能读懂“天下兴亡，匹夫有责”，便理应能读懂“天下事乃己分内事，己分内事乃天下事”，因为所谓“天下兴亡，匹夫有责”，正是对“天下事乃己分内事，己分内事乃天下事”的阐释。

而能读懂“天下事乃己分内事，己分内事乃天下事”，便理应能读懂“宇宙内事乃己分内事，己分内事乃宇宙内事”，因为这是一脉相承而已。

问：“天下兴亡，匹夫有责”是主观唯心主义乎？是西方宇宙论乎？

只不过“天下”仍比象山所言“宇宙”小了些。天下，主指空间，四方上下；而象山之志，还包括“往古来今”。

因此，这下明白“宇宙内事乃己分内事，己分内事乃宇宙内事”，不是什么“宇宙论”“主观唯心主义”了吧？这便是象山以及万千我中华读书人的志向啊！孔子如此，孟子如此，明道如此，伊川如此，横渠如此，朱子如此，象山如此，阳明如此，文天祥如此，顾炎武如此……

毕竟，我们不是只生活在我们自己的“当下”，我们也同时生活在自己祖先筚路蓝缕、古圣先贤立己立人的“过往”中，我们同时还生活在功在当代、造福子孙的“未来”中。

你生命中的每一刻，都既是上一刻，又是这一刻，亦是下一刻，此谓川流而不息。你若明白“不息”，便不要去人为切割、削足适履。

这世上唯一没有断绝的中华文明，就是这样薪火相传的，护“人”道不衰，历万世而不竭。

横渠四句教：“为天地立心，为生民立命”，天地生民，不正是这“四方上下”吗？“为往圣继绝学，为万世开太平”，前有往圣，后有万世——不正是“往古来今”吗？

（三）圣人与我同类也

象山说完“宇宙内事乃己分内事，己分内事乃宇宙内事”后，又接着说：

“宇宙便是吾心，吾心即是宇宙。东海有圣人出焉，此心同也，此理同也。西海有圣人出焉，此心同也，此理同也。南海北海有圣人出焉，此心同也，此理同也。千百世之上至千百世之下，有圣人出焉，此心此理，亦莫不同也。”①

那么，什么是“宇宙便是吾心，吾心即是宇宙”？

象山在说“宇宙便是吾心，吾心即是宇宙”之后，自己已经解释得再清晰不过了：“此心同也，此理同也。”

别管四方上下有多大、往古来今有多远，但能“发明本心”“自立此心”，不只是与此刻、他处所出之圣人心同、理同，便千百世之上至千百世之下，亦莫不同也。明道也曾说过：“尧、舜知他几千年，其心至今在。”②

象山之志，跟孟子“乃所愿，则学孔子也”“我亦欲正人心，息邪说，距诐行，放淫辞，以承三圣者”一样，亦是学圣人，直至成为圣人。

对于常人而言，圣人似高高在上，现代社会若有人在生活中说自己要成为圣人，恐怕会引起若干侧目、非议，因为在现代社会，“往圣绝学”确实已经快绝了，常人已难明孟子所说“圣人，与我同类也”。

“宇宙便是吾心，吾心即是宇宙”，因为与圣人“此心同也，此理同也”，此即象山之志也，是踔厉奋发、笃行蹈厉之“心”愿。

而现代社会，要么“批孔”“打倒孔家店”，要么只是将圣人如孔子，以“至圣先师”之名，供奉起来，在空谈所谓“传统文化”时挂在嘴边或高考时为家长求拜之用，中华民族之圣，仿佛庙中一木胎泥塑尔。这其实是一种自暴自弃。

为什么说这其实是一种自暴自弃呢？因为中国之圣人，现在仅存某些时刻“借用”之功能。

而圣人为何称百世“师”？那不是让我们“借用”，而是让我们

① 陆九渊. 陆九渊集［M］. 钟哲，点校. 北京：中华书局，1980：483.

② 程颢，程颐. 二程集［M］. 王孝鱼，点校. 北京：中华书局，1981：96.

去学、去成为“他”。

那种平白将圣人悬空高高挂起，仿佛与现世两不相干，貌似尊崇，却私以为离“我”很远，不去学、不试图成为者，正是孟子所言：

> “夫道若大路然，岂难知哉？人病不求耳。”

这样的人，已然自绝上进的路，当然是自暴自弃者。亦当然难以理解象山“宇宙便是吾心，吾心即是宇宙”，以及我与圣人“此心同也，此理同也”。

（四）道一而已

其实象山“宇宙便是吾心，吾心即是宇宙”，不过是本书第五章题目：“做‘人’”。

象山是求“道”者，非求于术、器者，所谓“君子不器”，道、器之别，宜深思。他走的是举重若轻（简易）的路，不是举轻若重（支离）的路。似颜子之心不违仁。

因此，象山之谓“宇宙”，是指“道”。不是universe，不是巨大星球、各种星系，不是什么山川、河流、空气、岩石、草木、动物之类所谓客观存在（这些在现代被英文思维称为“自然”或“大自然”，其实这又是盗用汉语的“自然”。汉语的自然，不是那个nature）。

道本应体会，很难讲。象山曾云：

> “道在宇宙间，何尝有病，但人自有病。千古圣贤，只去人病，如何增损得道？”①

这四方上下、这往古来今，这天下、这古今，皆是依“道”而运行。若悖于道，纵显赫一时，必自毁矣，综观我中国之外、世界上其他尽皆中断、消亡的古文明即可知。

圣人与常人之别，是圣人闻道、行道，而常人且顾眼前，易蒙

---

① 陆九渊. 陆九渊集［M］. 钟哲，点校. 北京：中华书局，1980：395.

昧。此之所以象山要“先立乎其大”。

而这被语言称为“道”者，亦可称为“理”，道理的理。

这四方上下、这往古来今，这天下、这古今，皆是依“理”而运行。

因此象山又云：

> 此理塞宇宙，谁能逃之？

> 此理塞宇宙，如何由人杜撰得？

认得这“道”这“理”，你自然明白：

> 此理在宇宙间，何尝有所碍？是你自沉埋，自蒙蔽，阴阴地在个陷阱中，更不知所谓高远底。①

当你体认得这“道”这“理”时，你便应明白，圣人是懂这“道”这“理”的，是先你一步懂得的。圣人于汝而言，不过是此“道”此“理”上的先行者。

便是至圣先师孔子，“梦周公”“吾从周”，亦有周公为其先行者。

象山云：

> 有志于道者，当造次必于是，颠沛必于是。凡动容周旋、应事接物、读书考古、或动或静，莫不在时。此理塞宇宙。所谓道外无事，事外无道。②

象山是求“道”者，非求于术、器者。象山之“此理塞宇宙。所谓道外无事，事外无道”——不过是说，这四方上下、这往古来今，没有什么事是居于“道理”之外的。而“道理”也不是凭空悬在某处的一个神妙玄虚之物，它就在事事物物之中。

那么，你若体会了根本的“道理”，就会明白“道外无事，事

---

① 陆九渊. 陆九渊集［M］. 钟哲，点校. 北京：中华书局，1980：452.

② 同①：474.

外无道”，事事物物乃至万物，无论表现有何不同，不过是“道理”之演化。

如果识破了“本原”，体会了根本的“道理”，自然明白象山所说：

> 道理只是眼前道理，虽见到圣人田地，亦只是眼前道理。①

圣人跟你所认可的道理，是一样的。此尚不是说你跟圣人已经一样了，而是“道一”而已，是“一以贯之”的。道理只是这个道理，不存在“道二”——“两”个道理。要么你就认识不到，你若认识到，便晓得没有“两”个道理。比如“孝”是道理，“不孝”不是道理，只是恶。不存在“孝”之一事上有“两”个道、“两”个理。

（五）方寸为大

那么，象山所言“此理塞宇宙”“此理在宇宙间”，“此理”如何去发现、如何去体认呢？靠眼睛、耳朵、嘴巴？当然不是，靠的是“心”。

因此象山云：

> “万物森然于方寸之间，满心而发，充塞宇宙，无非此理。”②

方寸在哪儿？当自思之。

（六）大人兼及“日心说”之弊

象山云：

> “宇宙不曾限隔人，人自限隔宇宙。”③

---

① 陆九渊. 陆九渊集［M］. 钟哲，点校. 北京：中华书局，1980：395.

② 同①：423.

③ 同①：401.

那些按照universe的认知，去认为星球是巨大的、星系是浩瀚的，而人类是多么的渺小者，是用“仪器”去观察，用“眼睛”去判断，而不是用“心”去感受。并且，通常他们对“大、小”的认知，也仅局限于“外形”。

岂不闻古语“三才天地人”乎？人与天、地并立，卓然而成三才，身任斯道矣。

又岂不闻老子曰：“域中有四大，而人处一。”又，“道大，天大，地大，人亦大”① 乎？

道大，人亦大。宇大宙大，人亦大。

我们认定一个人“伟大”“大写的人”“顶天立地的人”，难道是因为这个“人”长的最壮、最高吗？

因此，象山云：

> “天有天道，地有地道，人有人道，人而不尽人道，不足与天地并。”②

仪器、眼睛、外形之类，使人惑于外，而昧于理，并不是真正能够认知“大、小”的东西。

那些认为“人类在浩瀚的宇宙间是多么的渺小啊”之人，是将自己看低了，看成了普通生“物”，而不是“人”——此即“宇宙不曾限隔人，人自限隔宇宙”；即孟子所言：“夫道若大路然，岂难知哉？人病不求耳。”——你若自暴自弃，认定自己确实渺小了，便不可能明白“吾心即是宇宙”了。

因此，象山上接孟子，就是接着孟子讲的。

正如现代人已经不假思索便普遍接受的西方“日心说”，其实就很奇怪。

我们生活的大地上，有“人”，至少，有“中国人”。而目前尚未发现其他星体有人或是有生命。那么，人之所在，方为宇宙中心（实为方有宇宙），不是理所当然吗？

---

① 朱谦之. 老子校释［M］. 北京：中华书局，2000：102.

② 陆九渊. 陆九渊集［M］. 钟哲，点校. 北京：中华书局，1980：17.

外国人只能以 reason、spirit、mind、understanding、feeling、soul、breath、heart 之类混杂一处，实不知亦不能知“心”为何物。唯象形会意体系下的中国人，可以知“心”，则我中国“人”（正如一人环绕跑道跑圈，人在哪儿，哪儿才是中心，而不是将外形大的操场、看台当作中心）之所在，方为世界中心，不是理所当然吗？此即祖先遗泽也，亦即中国之所以“中”也。

而因为太阳比地球外形大、比地球重、地球绕着太阳转就依附于“日心说”者，试问：什么时候，“大”的、“重”的、绕着“转”的，就是中心了呢？——举个小例子：如果人推着磨盘转起圈来磨麦粉，这石头磨盘眼睛看着比人“大”、也比人“重”、人也确实是绕着磨盘在“转”，那这石头磨盘真的就是人的中心吗？

磨盘成为“人”的中心，将置“人”于何地？

若世人分明以“大”“重”“转”等为其中心、为其根本——那么，口口声声的“以人为本”却往何处去了？什么才是“本”？宁不思之？

一边信仰着“日心说”，一边却嚷着“以人为本”，不觉得互相矛盾吗？

若强行曲解成“以人为本”是适合政治学、经济学、社会学、心理学等学科领域的理论，“日心说”则是物理学领域的理论，二者不可合观。这个不可合观，便是各说各话，便是不能“一以贯之”。道“一”而已，而西方有 800 个学科，便将道以 800 视之？此岂足以知“道”？又，太阳并非不动如山，它亦在动，那么即便仅按照物理学体系来讲，甲、乙二物谁绕着谁转，不过是以谁为参照物而已——不是吗？

又且，地球上有“人”，却被要求不能使用人的视角；太阳系外并无“人”，却非要使用太阳系外的顶视角来进行所谓观察，试问：无人，何谈“视”角呢？

若一定说能“视”，那恐怕是一个跳出三界外的“神”的视角。人道还是神道？什么是人道？这或许是一个值得思索的问题。

这种某些领域里大谈“以人为本”，某些领域则不能谈“以人为本”，不恰恰是西方“分”而解之的模式吗？这种“分”“解”模式下的所谓“以人为本”，并非真正的“人本”，只流落成一句口号罢了。

“以大、重、转为本”，则“人”只具有工具价值，说白了，就是“以人为工具”——因为在需要的时候（某些学科）拿起来说“以人为本”，在不需要的时候（某些学科）便将“以人为本”弃之脑后。这堂堂正正的“以人为本”，用时朝前，不用时靠后，其实是被当作可有可无的某种工具对待的。

又，即便仅按照物理学研究，宇宙（universe）精确年龄为138.2亿年，问：这“年龄”，又是以谁为中心得出的结论呢？为何不使用太阳系外或银河系外的观察视角呢（从双缝干涉到量子纠缠，观察者都至关重要）？谈空间时以“大”“重”“转”为“本”，谈时间时以“人”为本，难怪时空会“扭曲”了。

既然已经左右矛盾了，那还奢谈什么“人道”“人本”？

（七）冯友兰之“邪见”

此亦是之所以那些以西方 universe、cosmology、“观念论”“存在论”“宇宙论”“主观唯心主义”来强行解释象山和中国思想文化的学者，能够使空气中充满各种气氛之原因。例如开先河之冯氏。

冯友兰撰写之《中国哲学史》，以西方范式之宇宙论、人生论、知识论，来对中国思想进行若干分解（见冯氏自述之《绪论》）。其中，描述理学之二程子 256-275 页，用了 20 页；描述理学之朱子 275-297 页，用了 22 页。而描述心学陆象山，298-302 页，只有区区 4 页半。

这其实是不符合南宋当时象山孤峰突起、矫然自立，心学能与理学二水分流、分庭抗礼的地位的。钱穆所著《中国思想史》中这样认定象山：“然在当时，与朱子平分江汉，后人并称为朱、陆。并谓‘宋儒有朱、陆，乃千古不可合之同异，亦千古不可无之同异’。”①

此或亦可证明，冯氏实不甚了解象山，亦不甚了解心学，因此，无所摹写，无所阐发，无所领心，无所会意——只好引用若干句象

① 钱穆. 中国思想史［M］. 北京：九州出版社，2011：209.

山《语录》，便草草收尾。

冯氏讲“象山”，4页里有3页半，是在引用《象山语录》与杨简写的《象山先生行状》原文，令人莞尔。不是说不能引用，而是这述、评之比例过于失调。

除了各种文字技巧、不痛不痒之过渡语外，冯氏自己对于象山心学的“硬把捉”大概只有一句：“吾人之心，本是宇宙全体。”①(依然是文字技巧)

本是宇宙全体？这不正是按西方 universe 理解的主客二分之宇宙吗？象山是去用心体会那些诸如奇点、黑洞、大爆炸、暗物质、浩瀚星空、巨大星球、各种星系、直径光年、气体真空、星际尘埃、山川、河流、空气、岩石、草木、动物，等等之“宇宙全体”吗？

前文已经再三讲，象山是求道者，象山之谓“宇宙”，不是 universe、cosmology 之流。象山自己反复说：“此理塞宇宙”“此理在宇宙间”“有志于道者”“道在宇宙间”“然知尽天下事，只是此理”“道外无事，事外无道”，等等。

前文亦解说过，象山之“宇宙内事乃己分内事，己分内事乃宇宙内事”，这句便是象山之“志”啊。与西方“宇宙论”“宇宙全体”何所相干？

象山说：

> “与道不相干，则是异端，则是利欲为之陷溺，为之窠臼。说即是邪说，见即是邪见。”

——此正是以西学强行肢解中国思想之写照也。若用河南程氏二夫子的话来讲，此即“贫人说金”。

冯氏尚且如此，现代那些较冯氏尚远不如之知识分子们，更不足论。

(八) 吾心即是宇宙，学为人

象山心学之吾心即是宇宙，不是讲什么宇宙论、宇宙全体。实

① 冯友兰. 中国哲学史［M］. 重庆：重庆出版社，2009：300.

是在讲“做人”，在讲“人皆可以为尧舜”。

象山说“宇宙不曾限隔人，人自限隔宇宙”；孟子也说“夫道若大路然，岂难知哉？人病不求耳”。

孟子说“圣人，与我同类者”，说“心之所同然者何也？谓理也，义也。圣人先得我心之所同然耳”，象山说“千百世之上至千百世之下，有圣人出焉，此心此理，亦莫不同也”。——圣人于我们常人而言，不过是此“道”此“理”上的先行者。

那么，怎么去做？

象山说：“要决裂破陷阱，窥测破个罗网。诛锄荡涤，慨然兴发。激厉奋迅，决破罗网，焚烧荆棘，荡夷污泽”；“当造次必于是，颠沛必于是。凡动容周旋、应事接物、读书考古、或动或静，莫不在时”；孟子说：“子服尧之服，诵尧之言，行尧之行，是尧而已矣。”——当你能“行尧之行”时，不亦圣人乎？而这，需要“人”自有为，而莫自弃。

那么，诵尧之言，行尧之行，也就是成为圣人，能做到吗？

象山说：“此理在宇宙间，何尝有所碍？是你自沉埋，自蒙蔽，阴阴地在个陷阱中，更不知所谓高远底。”孟子说：“夫徐行者，岂人所不能哉？所不为也。”——若人不自弃而自有为，便人皆可以为尧舜。

象山云：

> “人品在宇宙间迥然不同。诸处方哓哓然谈学问时，吾在此多与后生说人品。”①

额外说一句：讥象山是禅者，是不知佛教“人人皆有佛性”“立地成佛”等，正是从儒家“人皆可以为尧舜”抄袭、化用而来。

象山又云：

> “宇宙便是吾心，吾心即是宇宙。东海有圣人出焉，此心同也，此理同也。”

---

① 陆九渊. 陆九渊集［M］. 钟哲，点校. 北京：中华书局，1980：400.

“宇宙便是吾心，吾心即是宇宙”，是让人晓得，吾与圣人“此心同也，此理同也”，此即象山之志也，是踔厉奋发、笃行蹈厉之“心”愿。

> “为仁由己，而由乎人哉？奋拔植立，岂不在我？”

“吾心即是宇宙”，不是用来让人吹嘘，或强行曲解成什么宇宙论的，而是“辨志”“立志”。

“先立乎其大”，然后，有志于道者——

> 问曰：“人皆可以为尧舜，有诸？”
>
> 孟子曰：“然！”

——掷地有声。

五、简易

心者，志也。

后 记

这书本来不想写的，因为象山不著书。不过常想送爱人一个礼物，这十万字是某自觉最珍贵的了，明道之书，于是谨献给孟子故里的邹彤女士。某知思想之不可空悬、与切实之生活不可割裂，仰赖其贤。

为往圣继绝学

——步鹅湖韵和象山

忘却人间名利钦，风霜难改旧时心。
百年世事澜如水，一点真灵静若岑。
长夜正须人自立，折腰未许意销沉。
谁言宇宙渺无际？往古倏然能至今。

吴哲（辽宁本溪青木村人）

2024 年 1 月 17 日夜